Die Geschichte des Eurokorps

25 Jahre im Leben eines der populärsten Militärbündnisse

Mit einem besonderen Blick auf die Entwicklung der deutsch-französischen Zusammenarbeit

Den ersten Anstoß, ein multinationales Korps aufzustellen, gaben der französische Staatspräsident François Mitterand und der deutsche Bundeskanzler Helmut Kohl. In einem Schreiben an den amtierenden Vorsitzenden des Europäischen Rates vom 14. Oktober 1991 kündigten sie die Absicht an, die deutsch-französische militärische Zusammenarbeit in ihren Strukturen über die Deutsch-Französische Brigade hinaus zu erweitern und einen neuen Großverband zu schaffen, der auch anderen Nationen offen stehen sollte. Wörtlich heißt es in dem Brief: „Diese verstärkten deutsch-französischen Einheiten können somit den Kern für ein europäisches Korps bilden, wobei die Streitkräfte der Mitgliedstaaten der WEU einbezogen werden könnten. Diese neue Struktur könnte damit auch Modellcharakter für eine engere militärische Zusammenarbeit zwischen den Mitgliedstaaten der WEU insgesamt haben."

Paul Klein: „Das Eurokorps"
in: Handbuch Militär und Sozialwissenschaft, 2., akt. und erw. Aufl., Wiesbaden 2006, Teil V, S. 416-423

Matthias Blazek

Die Geschichte des Eurokorps

25 Jahre im Leben eines der populärsten Militärbündnisse

ibidem-Verlag
Stuttgart

Bibliografische Information der Deutschen Nationalbibliothek
Die Deutsche Nationalbibliothek verzeichnet diese Publikation in der Deutschen Nationalbibliografie; detaillierte bibliografische Daten sind im Internet über http://dnb.d-nb.de abrufbar.

Bibliographic information published by the Deutsche Nationalbibliothek
Die Deutsche Nationalbibliothek lists this publication in the Deutsche Nationalbibliografie; detailed bibliographic data are available in the Internet at http://dnb.d-nb.de.

Umschlaggestaltung: Josefine Rudolf

Bildbearbeitung und Satz: Matthias Blazek

Lektorat: Oberstleutnant Hagen Messer

Abbildungen auf dem Umschlag: (Rückseite, mittig:) Défilé des Eurokorps auf dem Place de la République in Straßburg, 5. November 1993 (Foto: Digitalarchiv Eurokorps), Mediadatenbank der Bundeswehr (2), Flyer des Eurokorps (Repro: Blazek)

Ein herzlicher Dank für die gute Unterstützung geht an das Team des Press Affairs Office (PAO) beim Stab Eurokorps in Straßburg.

∞

Gedruckt auf alterungsbeständigem, säurefreien Papier
Printed on acid-free paper

ISBN: 978-3-8382-1127-5

© *ibidem*-Verlag
Stuttgart 2017

Geleitwort

Walter Spindler, Generalmajor
2011-2013 Stellvertretender Kommandierender General des Eurokorps

25 Jahre Eurokorps – eine wahre Erfolgsgeschichte. Im Wesentlichen drei Faktoren haben dazu beigetragen, aus diesem ursprünglich deutsch-französischen Projekt ein multinationales, einsatzbereites Instrument zum Wohle der Europäischen Union und der NATO zu formen.

1. Der politische Wille und die politische Weitsicht nach dem Fall der Mauer in Europa nicht nur die Friedensdividende einstreichen zu wollen, sondern das erste multinationale Korps seiner Art zu gründen. In Anbetracht der sich ständig verringernden nationalen Streitkräfte war absehbar, dass kein Staat allein den damaligen und künftigen Herausforderungen unilateral zu begegnen in der Lage sein wird. So war und ist die Multinationalität das Gebot der Stunde.

2. Die Wahl eines außerordentlich geschichtsträchtigen und attraktiven Standortes, nämlich die „Hauptstadt Europas", wie die Bürger Straßburgs ihre Stadt gerne und nicht zu Unrecht nennen. Diese elsässische Stadt hat nicht nur eine wechselhafte deutsch-französische Vergangenheit, wie in diesem Buch nachfolgend ausführlich dargestellt werden wird. Sie ist auch der Sitz zahlreicher europäischer Einrichtungen, wie dem Europarat, dem Europäischen Parlament, dem Europäischen Gerichtshof für Menschenrechte, dem Europäischen Bürgerbeauftragten und als vorläufigem Schlussstein dem Eurokorps. Zwischen den Einrichtungen dieser wunderschönen Stadt, den europäischen Institutionen und den Angehörigen dieses Korps findet ein enger, lebhafter und fruchtbringender Austausch im wahrhaft zivil-militärischen Sinne statt, der für die erforderliche vernetzte Sicherheit einen echten Mehrwert bringt.

3. Die im Wesentlichen aus den sechs Rahmennationen des Eurokorps (DEU, FRA, BEL, ESP, LUX und POL) kommenden Soldatinnen und Soldaten, die sich mit ernsthafter Leidenschaft der Ausbildung für alle möglichen Einsätze in dieser Welt stellen. Sie haben es vor allem in den Einsätzen in Bosnien-Herzegowina, im Kosovo und in Afghanistan unter Beweis gestellt, wo sie unter Einsatz ihres Lebens für dieses großartige europäische Projekt mit Erfolg gedient haben.

Auf das Eurokorps war, ist und wird Verlass sein, wenn die NATO oder die EU es benötigen. Möge es leben, blühen und gedeihen! Bei der Lektüre dieses Buches wünsche ich Ihnen viel Spaß und interessante Erkenntnisse.

Walter Spindler

Vorwort

Bundeskanzler Helmut Kohl und Präsident François Mitterrand brachten am 14. Oktober 1991 beim Europäischen Ministerrat eine gemeinsame Initiative für ein europäisches Verteidigungskorps ein.

Zu Beginn der 1980er Jahre kam es zu neuen Impulsen für die im Elysée-Vertrag vereinbarte deutsch-französische Zusammenarbeit in der Verteidigungspolitik. Das Einrichten eines Eurokorps 1992 war der letzte Schritt in diesem Prozess der deutsch-französischen Kooperation. Zuvor wurde 1988 der Deutsch-Französische Rat für Verteidigung und Sicherheit geschaffen sowie im Anschluss 1989 die Deutsch-Französische Brigade. Nach und nach traten Belgien (1993), Spanien (1994) und Luxemburg (1994) dem Eurokorps bei. Somit wurde das bilateral entstandene Eurokorps zu einem Modell für eine engere Zusammenarbeit zwischen den Mitgliedsstaaten der Europäischen Union und beschleunigte den europäischen Einigungsprozess.

In dem vorliegenden Werk sollen neue Akzente gesetzt werden. Nicht allein die 25-jährige Geschichte dieses multinationalen Verbandes soll dargestellt werden. Losgelöst von den äußeren Umständen würde diese Arbeit den zugrundeliegenden Gedanken und Zielsetzungen nicht gerecht werden können. Das Ganze soll eingebettet werden in die Geschichte Straßburgs und in die abwechslungsreiche Geschichte der deutsch-französischen Zusammenarbeit und Freundschaft.

Der Verfasser, der in den neunziger Jahren des 20. Jahrhunderts beim Deutschen Militärischen Bevollmächtigten in Frankreich mit Sitz in Fontainebleau gedient hatte und im Zeitraum 2006-2014 als Reservist beim Stab des Eurokorps eingesetzt war, hat diese Arbeit, die Erstellung einer Chronik zum 25-jährigen Bestehen, als eine Herzensangelegenheit angesehen. Es hat ihm viel Freude bereitet, tief in die Akten und in die Geschichte des Eurokorps und seines Standortes Straßburg einzutauchen.

Es steht zu hoffen, dass das Interesse geweckt wird und manche neue Erlebnisperle zum Vorschein kommt. In jedem Fall steht hier eher ein historischer Querschnitt als eine wertende Darstellung in Anlehnung an die bisherigen Print-Editionen im Vordergrund.

Viel Freude an dem vorliegenden Buch wünscht

Matthias Blazek

Gliederung

Abkürzungsverzeichnis

a. a. O.	am angegebenen Ort
bearb.	bearbeitet
d.	der, den
f.	folgend
M	Mark
m	Meter
Nr.	Nummer
sen.	senior
u. a.	unter anderem
v.	von
z. B.	zum Beispiel

Die deutsch-französische Zusammenarbeit

Was lange währt, wird endlich gut. Das deutsche Sprichwort trifft die Entwicklungen im elsässischen Straßburg. Seit 25 Jahren wird dort multinationale Zusammenarbeit praktiziert. Und das ist nicht gerade selbstverständlich.

Eine gute Zusammenarbeit wäre in früheren Epochen allein unter Deutschland und Frankreich nur schwerlich denkbar gewesen. Gerade zwischen diesen beiden Staaten, die sich von Haus aus aufgrund ihrer eigenen Geschichte und Traditionen von jeher gut verstehen müssten, ist es in der Vergangenheit zu manchen kriegerischen Auseinandersetzungen gekommen.

Die deutsch-französische „Erbfeindschaft" hat nach Ansicht von Historikern ihren „Urgrund" in einer „Reichsteilung", und zwar in der Aufteilung des Karolingischen Reichs der Franken in ein West- und Ostfränkisches Reich, aus denen sich Frankreich und Deutschland entwickelten – beide mit dem gleichen universellen Herrschaftsanspruch auf die Führungsrolle in (West-) Europa.

Kaiser Karl der Große (748-814) hinterließ seinem Sohn Ludwig I. „dem Frommen" (778-840) ein geeintes, stabiles Reich. Ludwigs Bestrebungen, seinen Söhnen aus zwei Ehen jeweils eigene Teilreiche zu hinterlassen, dabei aber zugleich die Reichseinheit durch Vergabe der Kaiserkrone und der außenpolitischen Oberhoheit an den Sohn Lothar I. zu sichern, führte noch zu Lebzeiten Ludwigs zu Macht- und Verteilungskriegen. Drei Jahre nach seinem Tod kam es zur dauerhaften Teilung des Frankenreiches im Vertrag von Verdun vom 10. August 843. Westfrankenreich, der westliche Teil mit Aquitanien, woraus sich im Lauf des 9. und 10. Jahrhunderts Frankreich entwickelte, ging an Karl den Kahlen (823-877), Mittelreich (Lothringen), der mittlere Teil von der Nordsee über Aachen und Rom bis ans Mittelmeer, ging an Lothar I. (795-855), und das Ostfrankenreich, der östliche Teil, ging an Ludwig den Deutschen (804-876).

Seit der Zeit des Ausklangs des Dreißigjährigen Krieges (1618-1648), als Frankreich mit der osmanischen Türkei den traditionellen „Erbfeind" des christlichen Abendlands und speziell des habsburgischen Österreich unterstützte, wurde der Begriff der Erbfeindschaft geprägt, um ein schlechtes Verhältnis zwischen Deutschland und Frankreich zu beschreiben. Hinzu kamen ab 1667 die etwa 47 Jahre andauernden französischen Kriege Ludwigs XIV. (1638-1715), in deren Folge die Regionen Elsass und Lothringen von Frankreich annektiert und die Pfalz verwüstet wurden.

Deutsche und Franzosen standen sich weiterhin im Siebenjährigen Krieg (1756-1763), in den Koalitionskriegen (1792-1815) und in den 1813 und 1814 ausgetragenen Befreiungskriegen gegen Napoleon (1769-1821) gegenüber. Danach überrannten die deutschen Truppen unter Führung Preußens Frankreich im Deutsch-Französischen Krieg von 1870/71, lagen Soldaten beider Nationen 1914-1918 in einem vier Jahre andauernden Stellungskrieg in den Schützengräben Nordfrankreichs, marschierten im Januar 1923 unter einem Vorwand fünf französische Divisionen nebst einigen belgischen Einheiten ins Ruhrgebiet ein, wie auch im Jahr 1940 Deutschland nach Frankreich einmarschierte, um es erst

1944 wieder zu verlassen. Frankreich wirkte als Besatzungsmacht in Teilen der späteren Bundesländer Rheinland-Pfalz und Baden-Württemberg sowie im Saarland in der Zeit nach Ende des Zweiten Weltkrieges (1945).

In der folgenden Zeit setzte aber eine neue Ausrichtung ein. Offensichtlich besannen sich beide Nationen, allen voran deren Staatsoberhäupter, der Sinnlosigkeit der immer wiederkehrenden Konflikte zwischen den beiden Nachbarländern Deutschland und Frankreich.

Einige Ereignisse trieben in der Nachkriegszeit die Entwicklungen erfolgreich voran. Da war zunächst der französisch-englische Bündnisvertrag von Dünkirchen vom 4. März 1947. Er sah die gegenseitige Hilfeleistung gegen jede Wiederaufnahme einer deutschen Angriffspolitik vor.

Am 5. Juni 1947 schlug der amtierende US-Außenminister George C. Marshall (1880-1959) ein Wirtschaftsaufbauprogramm für Europa vor. Mit dem „Marshallplan" sollte nicht nur das kriegszerstörte Europa wieder aufgebaut werden, auch ein friedliches, geeintes Europa war eines der Ziele.

An der Marshallplan-Konferenz im Juli 1947 in Paris nahmen 16 europäische Staaten teil. Der Außenminister der Sowjetunion, Wjatscheslaw Michailowitsch Molotow (1890-1986), lehnte – nicht unerwartet – auf der Sitzung am 2. Juli 1947 die ERP-Hilfe (European Recovery Program oder Europäisches Wiederaufbau-Programm) ab, Moskau verbot auch den Ländern seines Einflussgebiets (einschließlich der Tschechoslowakei) die Annahme.

Den Brüsseler Pakt schlossen Frankreich, Großbritannien, Belgien, die Niederlande und Luxemburg am 17. März 1948 in Brüssel. Dieses Militärbündnis wurde auch als „Westunion" bezeichnet.

Am 16. April 1948 unterzeichneten die Vertreter von Österreich, Belgien, Dänemark, Frankreich, Griechenland, Island, Irland, Italien, Luxemburg, den Niederlanden, Norwegen, Portugal, Schweden, Schweiz, Türkei und Großbritannien sowie die Militärkommandeure der französischen, britischen und amerikanischen Besatzungszonen in Paris ein Abkommen über die Gründung der Organisation für europäische wirtschaftliche Zusammenarbeit (OEEC). Es trat am 1. Juli 1948 in Kraft.

Am 4. April 1949 gründeten zwölf westeuropäische Staaten in Washington den Nordatlantik-Pakt: Belgien, Kanada, Dänemark, Frankreich, Großbritannien, Island, Italien, Luxemburg, die Niederlande, Norwegen, Portugal und die USA. Die ersten organisatorischen Maßnahmen ergriff die NATO im Herbst 1949.

In Bonn wurde am 23. Mai 1949 das Grundgesetz für die Bundesrepublik Deutschland feierlich verkündet und unterzeichnet. Wenige Monate später, am 7. Oktober 1949, wurde aus der Sowjetischen Besatzungszone Deutschlands die Deutsche Demokratische Republik. Als „Tag der Republik" wurde dieser Tag zum Nationalfeiertag der DDR.

Frankreich, die Benelux-Staaten, Italien und die Bundesrepublik Deutschland unterzeichneten am 27. Mai 1952 den Vertrag zur Gründung der Europäischen

Verteidigungsgemeinschaft (EVG). Das Projekt scheiterte 1954, als es im französischen Parlament keine Mehrheit erhielt.

Die Pariser Verträge wurden am 23. Oktober 1954 von den Mitgliedern der Westunion, der Bundesrepublik Deutschland und Italien in Paris unterzeichnet. Geschaffen wurde ein kollektiver militärischer Beistandspakt mit der Bezeichnung Westeuropäische Union (UEO).

Bundeskanzler Konrad Adenauer (1876-1967) besiegelte am 6. Mai 1955 in Paris mit seiner Unterschrift den Beitritt Deutschlands zur NATO.

Fünf Jahre später, am 13. Februar 1960, explodierte in der Sahara bei Reggane in Algerien die erste französische Atombombe. 6500 französische Wissenschaftler, Techniker und Soldaten hatten zusammen mit 2500 algerischen Arbeitern zwei Jahre lang gearbeitet, um die französische Atomstadt mit ihren Fertighäusern, Betonbunkern und Stahltürmen aus der Erde zu stampfen.

Der als „Élysée-Vertrag" bezeichnete deutsch-französische Freundschaftsvertrag wurde am 22. Januar 1963 von Bundeskanzler Konrad Adenauer und vom französischen Staatspräsidenten Charles de Gaulle (1890-1970) im Pariser Élysée-Palast unterzeichnet.

In einem Brief an den damaligen US-Präsidenten Lyndon B. Johnson (1908-1973) teilte der französische Präsident de Gaulle am 7. März 1966 seine Entscheidung mit, Frankreich werde der NATO keine Truppen mehr zur Verfügung stellen.

Staatspräsident François Mitterand und Bundeskanzler Helmut Kohl sprachen sich auf ihrem Gipfeltreffen in Karlsruhe am 13. November 1987 für die Aufstellung eines gemeinsamen deutsch-französischen Großverbandes aus. Zwei Jahre später wurde die Deutsch-Französische Brigade in Dienst gestellt.

Mit einem am 14. November 1988 unterzeichneten Protokoll traten die Portugiesische Republik und das Königreich Spanien der Westeuropäischen Union bei.

Am 2. Oktober 1989 erfolgte die offizielle Aufstellung der Deutsch-Französischen Brigade (Brigade franco-allemande).

In der Nacht vom 2. auf den 3. Oktober 1990 wurde die Fahne der Einheit an einem großen Fahnenmast vor dem Berliner Reichstag gehisst. Damit wurde die Deutsche Einheit vollzogen.

François Mitterrand und Helmut Kohl vereinbarten am 14. Oktober 1991 in Lille anlässlich eines deutsch-französischen Gipfeltreffens, einen Großverband aus Truppenteilen beider Länder aufzustellen. Am gleichen Tag richteten sie einen entsprechenden Brief an den amtierenden Vorsitzenden des Europäischen Rates und Ministerpräsidenten des Königreichs der Niederlande, Ruud Lubbers.

Auf der Grundlage des Beschlusses des deutsch-französischen Gipfeltreffens wurde am 22. Mai 1992 in La Rochelle das Eurokorps gegründet.

In ihrer Petersberger Erklärung beschloss die Westeuropäische Union am 19. Juni 1992, der UNO und der KSZE Truppen zu friedensschaffenden Kampfeinsätzen zur Verfügung zu stellen.

Im „SACEUR-Abkommen" vom 21. Januar 1993 wurden die Beziehungen und Kompetenzen zwischen NATO und Eurokorps geregelt. Das Abkommen, unterzeichnet vom damaligen Obersten NATO-Befehlshaber US-General John M. Shalikashvili (1936-2011), dem französischen Generalstabschef Jacques Lanxade und dem deutschen Generalinspekteur General Klaus Naumann, legt fest, dass das Eurokorps, das nunmehr NATO-Strukturen einnahm, im Bedarfsfall nach Artikel V des NATO-Vertrages für die gemeinsame Abwehr einer gegen die Allianz gerichteten Aggression eingesetzt werden kann.

Zuhause in Neuhof

Das Eurokorps hat seinen Platz in Neuhof, einem Stadtteil der elsässischen Großstadt Straßburg, gefunden. Die Geschichte dieses eher trist anmutenden Fleckens unweit der deutsch-französischen Grenze dürfte den dort stationierten Soldaten gleich welcher Nationalität eher unbekannt sein beziehungsweise unbekannt geblieben sein. Man erlebt den Stadtteil zudem nur auf der Durchreise von einer Kaserne zur anderen oder beim Pendeln zwischen Wohnung und Dienststelle. Der Blick fällt auf die regelmäßig verkehrende Straßenbahn, hübsche und ruhig gelegene Altbauten, kleine Geschäfte und riesige Wohnblöcke, in denen sozial schwache Familien eine Bleibe gefunden haben.

Bei Einbruch der Dunkelheit machen sich junge und waghalsige Leute auf den Weg, ohne Helm auf frisierten Motorrädern. Und ab und zu kracht es auch. Aber niemanden scheint dies zu interessieren, es gehört eben dazu.

Das alles hat auch wenig zu tun mit dem guten Ansehen und der nachhaltigen Integration der Soldaten der drei Kasernen Lizé, Lyautey und Aubert de Vincelles („AdV") in die zivile Umgebung. Vorbehalte und Ängste scheinen da eher unangebracht oder kein Thema zu sein. Mit Vorsicht werden die Anfahrtswege zum Hauptquartier in der AdV-Kaserne bedacht. Aber: Den Soldaten wird vonseiten der Bevölkerung keine besondere Beachtung geschenkt.

Straßburg-Neuhof, seit 1992 Standort des Eurokorps, auf einer Postkarte um 1910.

Aber nun zum Ort, einem Flecken, dem man seine 650-jährige Geschichte nicht ansehen mag. Ein Dokument in den städtischen Archiven von Straßburg (Bestand VII 69 1) belegt, dass ein reicher Bürger aus der Stadt namens Walter Wasicher im Jahre 1370 das Land bei Neuhof erworben hat. Näheres ist zunächst nicht zu finden. Aber die „Neue Vaterländische Geschichte der Stadt Straßburg und des ehemaligen Elsaßes", 1792 vom Jugendlehrer Johannes Friese (1741-1817) zu Papier gebracht, weiß mehr auszusagen über die Person. Walter Wasicher war im schlimmen Seuchenjahr 1381 zum Ammeister (Zünftemeister) der Stadt Straßburg gewählt worden. Eine Wiederwahl vier Jahre später gelang Wasicher allerdings nicht.

Am Ende war es „Neuhof" links des Rheins, welches Walter Wasicher erwarb. Conrad II. von Lichtenberg hatte den linksrheinischen Teil der Gemarkung Hundsfeld mit allen Eigentums- und Hoheitsrechten an Wasicher verkauft, er war fortan als abgesonderter Bann oder gemeindefreies Gebiet anzusehen. 1378 verpachtete Wasicher einen Hof an das Dorf Vogelsang. 1412 wird seine Witwe, Katharina Bettschold, Tochter von Johannes Bettschold, erwähnt.

Dies sind eher kleine Fragmente als eine große Geschichte.

Der Name „Neuhof" war damals noch nicht gebräuchlich. Erst fünfzig Jahre später tauchte er auf. Das Kirchenarchiv zu St. Wilhelm erwähnt Thoman Adolph von Brumt „uff dem neuen hoffe" bei Straßburg, welcher in den Jahren 1424 und 1460 den Wilhelminermönchen in Straßburg etliche Feldstücke schenkte. In einem amtlichen Bericht aus dem Jahre 1617 wurde ausdrücklich „der neue Hof" erwähnt.

Wo sich dieser „neue Hoff" genau befand, lässt sich heute nicht mehr feststellen.

Durch Kaufkontrakt vom 3. November 1699, bestätigt durch den Rat der XXI am 23. Dezember 1699, gelangte der Neuhof laut Geschichtsschreiber Rodolphe Reuß (1884) in den Besitz der Straßburger Jesuiten, das Gut in der Ruprechtsau indes schon etwas früher. Die Jesuiten richteten dort kurz darauf eine Meierei namens „Jesuitenfeld" ein, die von Konvertierten bewirtschaftet wurde. In den alten Karten finden wir die neue Bezeichnung „Jesuiter Hoff". Im Jahre 1728 war Neuhof eine kleine katholische Gemeinde mit 130 Einwohnern, die sich aus Landarbeitern, Holzfällern und Fischern zusammensetzte.

Die „Neue Vaterländische Geschichte" berichtet von einer großen Überschwemmung infolge anhaltenden Regenwetters am 10. Januar 1802, sich anschließenden Schneefalls und Erdbebens in der Region, worunter zahlreiche Gemeinden der näheren Umgebung einschließlich Neuhof zu leiden gehabt hätten. Ertrunken seien damals sieben Menschen, 118 Pferde, 345 Stück Rindvieh, 113 Kälber, 353 Schweine, 721 Hammel. 29 Häuser seien eingestürzt, etwa 200 weitere stark beschädigt.

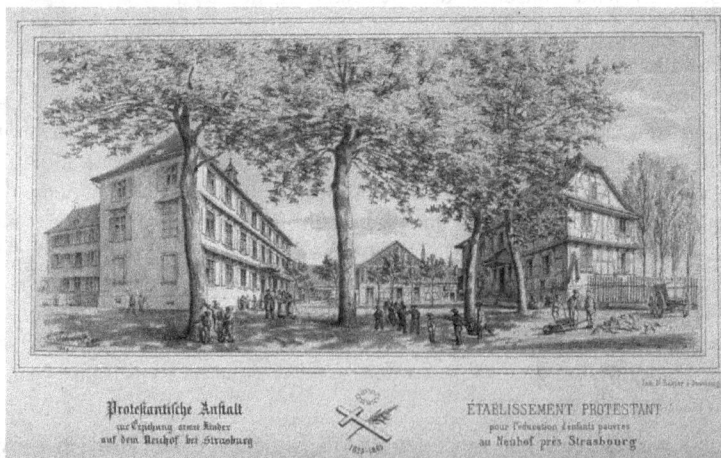

Protestantische Anstalt zur Erziehung armer Kinder auf dem Neuhof bei Strasburg (sic!) 1825-1865, von Émile Schweitzer (1837-1903).

Im Jahre 1825 wurde „auf dem Neuhof" bei Straßburg von dem einstigen Tischlermeister in Straßburg Philipp Jacob Wurtz eine „Erziehungsanstalt für arme, vernachlässigte Kinder" gegründet. Die Schule wurde im Juni des Jahres mit 12 Kindern eröffnet.

Im Jahr 1853 betrug die Zahl der Zöglinge des Rettungshauses beiderlei Geschlechts 92. In den 26 ersten Jahren seines Bestehens wurden 291 Zöglinge aufgenommen. „Durch diese Anstalt ist der Neuhof weithin berühmt geworden", heißt es in den 1855 herausgegeben „Mittheilungen aus der Geschichte der evangelischen Kirche des Elsasses" des Predigersohns und Pfarrers zu St. Wilhelm Timotheus Wilhelm Röhrich (1802-1860). Dort heißt es weiter:

„Obgleich die Neuhofanstalt ihren Hausgottesdienst hatte, welchem auch Auswärtige beiwohnen konnten, so blieb doch immer noch eine Hauptsache zu wünschen übrig für diese von der Stadt auf mehr als eine Stunde entfernte Gemeinde. Es fehlte an geregeltem Gottesdienste in dem Dorfe selber und an der Seelsorge. Eine genauere geistliche Aufsicht konnte nicht Statt finden, wo es Jedem frei stand, sich zu dieser oder jener der sieben evangelischen Stadtkirchen zu halten, oder irgend einen der Stadtgeistlichen sich als Beichtvater zu erwählen."

Der Stadtrat beschloss, auf dem Neuhof eine evangelische Kirche zu errichten, und „günstige Umstände vereinigten sich", sodass auch die Regierung am 2. Mai 1851 den Neuhof zu einer eigenständigen evangelischen Pfarrei erhob, mit dem Filial Neudorf. Kirchenälteste wurden nun wie gesetzlich vorgeschrieben gewählt, und am Sonntag, dem 14. September 1851, wurde die Einweihung der neuen Kirche und die Einführung des ersten Pfarrers, Eugen Ehrhardt, gefeiert.

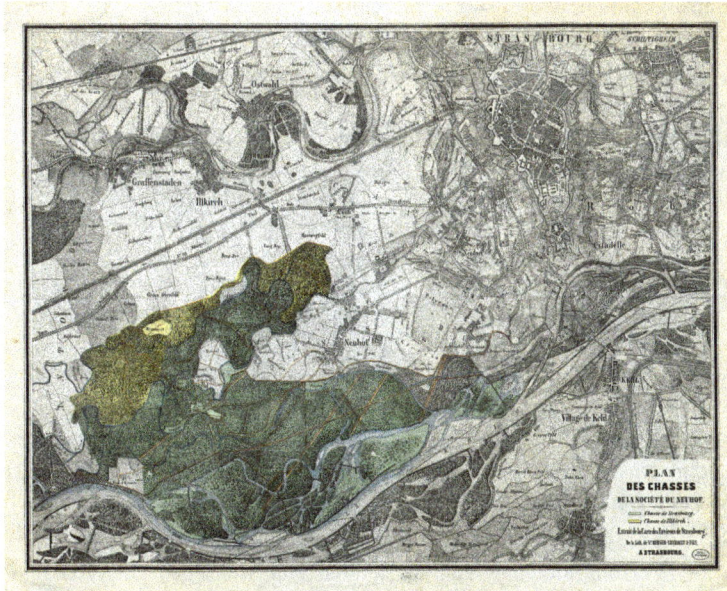

Plan des chasses de la Société du Neuhof, 1862. Detailkarte mit der Umgebung von Straßburg beziehungsweise dem ausgewiesenen Jagdgebiet von Neuhof im Südwesten der Stadt. Die Karte zeigt das Gebiet zwischen Schiltigheim im Norden, Kehl im Osten, dem Flusslauf des Rheins im Süden und dem Jagdgebiet zwischen Graffenstaden-Illkirch und Neuhof im Westen. Das zur Jagd ausgewiesene Gebiet ist durch eine Farbgebung in Gelb (Jagdgebiet von Illkirch) und Grün (Jagdgebiet von Straßburg) hervorgehoben. Verlag Veuve Berger-Levrault & Fils in Straßburg, rue des Juifs, 26. Digitale Sammlung Blazek

Im Sommer 1870 wurde Straßburg von preußischen Truppen belagert und bombardiert. Als einer unter Wenigen berichtet zunächst Gustave Fischbach in seinem Buch „Guerre de 1870 – Le siège et le bombardement de Strasbourg" (Straßburg 1871) über militärische Ereignisse in Neuhof im August des Jahres, wie Festsetzungen von Truppen und die Anwesenheit des französischen Generals und Militärgouverneurs von Straßburg Jean-Jacques Uhrich (1802-1886).

Straßburg war nach den schweren Bombardements vom August 1870 in deutsche Hände gefallen. In der Amtspresse Preußens verlautete am 5. Oktober 1870: „Im ganzen wunderbaren Verlaufe des jetzigen Krieges hat keine Siegesnachricht die deutschen Herzen mit solch inniger Freude erfüllt, wie die Kunde von der Einnahme Straßburgs. (...) Am 30. September (Geburtstag der Königin) fand der feierliche Einzug in Straßburg und darauf Gottesdienst in der Thomaskirche statt.

Von den französischen Offizieren haben 500 Ehrenscheine unterzeichnet, daß sie in diesem Feldzuge nicht gegen Deutschland dienen wollen, 50 bis 100 gingen in Gefangenschaft. Die Zahl der Gefangenen (etwa 17,000) ist noch nicht genau festgestellt, da noch fortwährend deren eingeliefert werden. Die Beute in Straßburg ist beträchtlich, 1070 Kanonen waren gezählt; 2 Millionen Frcs Staatseigenthum in der Bank ermittelt, 8 Millionen waren noch zweifelhaft (ob es Staatseigenthum oder Privatvermögen). Munition und besonders Tuchvorräthe sind sehr bedeutend."

Robert Schott schreibt 1872 in „Meister Schott und seine Familie – Eine Erzählung aus der Belagerung von Straßburg im Jahre 1870": „In großen Scharen strömte es zum Thore hinaus durch eine herrliche Pappelallee zu dem Dörfchen Neudorf – das lange von den Straßburgern nur das ‚Ratzendörfel' genannt wurde – bis in die Richtung von Neuhof, einem Dorfe von 1800 Einwohnern, das in weiten Kreisen durch die von dem Schreinermeister Wurtz gegründete Rettungsanstalt für verlassene Kinder bekannt ist. Links davon liegt der Polygon. Der Polygon, das Exercier- und Manövrirfeld für die Artillerie, enthält etliche großartige Erderhöhungen, welche den Kugeln als Ziel dienend von weitem sichtbar sind, und ist von großen schönen, regelmäßig gepflanzten Bäumen umgeben. Schanzwerke schützen an mehreren Seiten die während der Schießübungen etwa vorübergehenden Spaziergänger vor Gefahr. Auf diesem großartigen Uebungsplatze, der bereits im Jahre 1720 hergerichtet und 1766 vergrößert wurde, fanden einst große Manöver und Revuen statt, als die Herzöge von Berry und Angoulême, als Karl X. und später Louis Philipp Straßburg besuchten."

Und im Zuge der Französischen Revolution (1793-1796) soll der Platz am 23. Juni 1796 Versammlungsort von Tausenden von Menschen gewesen sein. „Ce jour-là, en effet, vingt-huit mille hommes se trouvèrent réunis, soit dans le polygone de Strasbourg, soit dans les environs, sous le commandement du général Désaix", heißt es 1845 in dem zweiten Band der „Histoire de la Révolution Française" von Adolphe Thiers.

Bis 1885 wurden einige Strecken der Straßenbahn in die Stadtviertel Königshofen, Robertsau, Neuhof sowie nach Wolfisheim eröffnet. Der Stadtrat unter

Bürgermeister Pierre Pflimlin (1907-2000) beschloss am 26. November 1979 den Bau einer Stadtbahn. Vorgesehen waren zwei Strecken, die im Süden – in Illkirch-Graffenstaden und Neuhof – ihren Ausgangspunkt nehmen und sich an der Station Place de l'Étoile zu einer Stammstrecke vereinigen sollten. Die Stammstrecke sollte die Innenstadt weitgehend unterirdisch queren. Geplant war der Bau eines 1300 Meter langen Tunnels mit drei Stationen einschließlich der Endhaltestelle Gare Centrale. Die vollständige Betriebseröffnung war für Juli 1986 geplant. Im Jahr 2007 wurden mehrere neue Strecken der Straßenbahn Straßburg durch Neudorf und Neuhof in Betrieb genommen.

Die Gartenvorstadt Stockfeld, eine der ersten Gartenstädte des europäischen Kontinents, wurde im Jahr 1910 im Auftrag der Stadt Straßburg gegründet. Stockfeld entstand nach den Prinzipien der damaligen Zeit: um Bürger aus ungesunden Wohnblocks der Straßburger Innenstadt nach Neuhof umzusiedeln. Im Jahre 1912 wurden dort auch die letzten Häuser fertiggestellt. Die Bewohner tragen die eigentümliche Bezeichnung „Indianer" („Stockfeld-Indianer").

Das 1992 in Straßburg aufgestellte Eurokorps ist in den drei Neuhofer Quartiers Aubert de Vincelles, Lizé und Lyautey, einem ehemaligen Krankenhaus-Standort, untergebracht. Das Eurokorps ist in erster Linie ein militärisches Hauptquartier, das aus einem Stab mit Unterstützungseinheiten mit über tausend Soldaten/Uniformierten, aber auch zivilen Angestellten, besteht. Der Stab ist grundsätzlich mit Franzosen, Deutschen, Spaniern und Belgiern besetzt. Im Krisenfall kann das Korps auch Kampftruppen von insgesamt 65.000 Soldaten führen.

Diese Kampftruppen werden von den „Framework-Nations" (Rahmennationen) wie folgt bereitgestellt: Frankreich, Deutschland und Spanien je eine Division mit je 12-15.000 Soldaten, Belgien mit einer Brigade (6500), die Deutsch-Französische Brigade (6500) sowie Luxemburg mit einer Kompanie (150 Soldaten).

Mit Beginn Januar 2001 wurden in Neuhof wie auch sonst in Straßburg reihenweise Autos in Brand gesetzt. Für den Großraum Straßburg ist von 1.260 Autos die Rede, die in Rauch aufgegangen sein sollen.

Das Straßburger Viertel Neuhof ist für Krawalle in der Silvesternacht berüchtigt: Dort hat es Anfang April 2009 die ersten gewalttätigen Auseinandersetzungen wegen des NATO-Gipfels gegeben. Am Vorabend des Gipfels haben sich Polizei und Demonstranten eine erste Straßenschlacht geliefert. 600 NATO-Gegner lieferten sich Auseinandersetzungen mit der Polizei.

Bekannte Personen aus Neuhof

* Georg Bertsch (* Niederhausbergen 13. März 1874, † Straßburg 22. September 1938), evangelischer Geistlicher und Theologe in Elsass und Lothringen, 1914-1919 Pfarrer in Rappoltsweiler, 1919-1923 Vereinsgeistlicher der Evangelischen Gesellschaft, 1923-1938 Hausvater der Neuhof-Anstalt und zugleich 1925-1938 Pfarrer von Mittelhausen mit Wohnsitz auf dem Neuhof

* Carl Theodor Krafft (* 12. Mai 1814 als Sohn von Philipp Jakob Krafft, † 21. Januar 1877), Anstaltsdirektor, studierte auf Lehramt in Straßburg, Seminarist ab 9. November 1832, demissioniert 1836, Collaborator in Straßburg, 1839 Lehrer in Allenweiler, 1842 in Neuhof, 1847 Direktor der dortigen Waisenanstalt

* Theodor Krafft (* Neuhof 25. Dezember 1851), evangelischer Geistlicher und Theologe in Elsass und Lothringen

* Philipp Jacob Wurtz (* Straßburg 19. Oktober 1745, † Neuhof 23. Juni 1828), Hauptstifter der Rettungsanstalt verlassener Kinder auf dem Neuhof

Quartier Aubert de Vincelles

Das Quartier Aubert de Vincelles ist der Sitz des Stabes des Eurokorps. Es liegt etwa zehn Kilometer südlich der Stadt Straßburg, in guter Nachbarschaft zum Flugplatz „Polygon". Dort hatte „Der kleine Prinz"-Autor Antoine de Saint-Exupéry in jungen Jahren seinen Flugschein erworben.

Ehe 1913, kurz vor Beginn des Ersten Weltkrieges (1914-1918), die Kasernen-bauarbeiten begannen, war das weite Terrain Paradeort, Antrete- und Artillerie-übungsplatz des XV. Armee-Korps. Jenes Armee-Korps war ein Großverband der preußischen Armee des Deutschen Kaiserreiches mit Hauptquartier in Straß-burg. Es wurde im Zusammenhang mit der Gründung des Reichslandes Elsass-Lothringen im März 1871 aus abkommandierten Verbänden der verschiedenen Armeekorps der deutschen Bundesstaaten gebildet. Der Korpsbezirk umfasste anfangs das gesamte Elsass-Lothringen, 1890 wurde in Lothringen durch Abga-ben aus dem inzwischen stark über die normale Stärke angewachsenen Korps das XVI. Armee-Korps formiert.

Truppenbewegung auf dem Polygon. Münchner Oberdeutsche Staatszeitung, „Mondtag (sic!), den 5. May 1800".

Verschiedene Zeitschriften, darunter die „Börsen-Halle", „Der Bayerische Volksfreund" und „Der Rheinbayer", berichteten um den 12. September 1833 über Truppen-Übungen und Festungsbau:

Straßburg, den 3. September.

„Seit den traurigen Auftritten, die im Kanton Basel statthatten, bemerkt man, daß wieder Truppen in unsern Dörfern am Rheine hin kantonniren. Eine General-Inspection sämmtlicher Regimenter unserer Militair-Division soll nächstens statthaben. Unsere Soldaten werden in steter Bewegung erhalten. In der vorigen Woche übte man die Minirer bei der Citadelle im Graben unterirdischer Gänge, wie dies bei Belagerungen geschieht. Eine blinde Schlacht soll in einigen Tagen auf unserem Polygone vor dem Austerlitzer Thor geliefert werden; ja man spricht sogar von einer scheinbaren Erstürmung der Citadelle. Die Vergrößerung und Verbesserung unserer Festungswerke wird ununterbrochen fortgesetzt und giebt bereits unserer Stadt ein äčht kriegerisches Ansehen. Seit einiger Zeit erhalten unsere Soldaten regelmäßigen Unterricht in der Gymnastik; es ist ein besonderer Lehrer desfalls von Paris hierher geschickt worden."

Kaiser Napoleon III. (1808-1873) besichtigt die Truppen auf dem Polygon bei Straßburg, 1857. Foto: Regamey Frédéric

Als 1871 das neu geschaffene XV. Armee-Korps in Straßburg seinen Bestimmungsort erhielt, stand es unter der Führung des Generals der Infanterie Eduard Friedrich Karl von Fransecky (1807-1890). Der deutsche Kaiser hatte ihn wegen seiner Erfolge im Deutsch-Französischen Krieg zum Kommandierenden General des XV. Armeekorps ernannt und ihm auch am 5. Februar 1871 den Orden Pour le Mérite verliehen. Zudem erhielt General von Fransecky eine Dotation in Höhe von 150.000 Talern. In der Allgemeinen Deutschen Biographie verlautet (1904): „Durch Cabinetsordre vom 20. März 1871 war er zum commandirenden General des neugebildeten XV. Armeecorps ernannt, zu welchem Preußen, Baiern, Sachsen, Württemberger und Braunschweiger in einem das gewöhnliche Maaß eines Armeecorps weit übersteigenden Umfange vereinigt waren. Es galt, aus ihnen, unter schwierigen Verhältnissen, ein harmonisches Ganzes zu schaffen, und zwar in einem eroberten Lande unter einer abgeneigten Bevölkerung, wo es an den meisten für die Ausbildung der Truppen erforderlichen Hülfsmitteln fehlte, wo Festungen gebaut und Unterkunft für die Truppen hergestellt werden muß-ten.“

Das Reichsheer bestand ab 1871 aus 18 Armeekorps: zwölf aus Preußen, zwei aus Bayern, eins aus Sachsen, eins aus Württemberg, eins aus Preußen und Baden gemeinsam, ein Armeekorps stand in Elsass-Lothringen. Die Truppen wurden vor allem von Preußen, Bayern, Württemberg und Sachsen gestellt.

Parade vor Seiner Majestät dem Kaiser
am 2. Mai 1877
auf dem Polygon bei Straßburg.

Am 2. Mai 1877 nahm Kaiser Wilhelm I. (1797-1888) zum ersten Mal eine Parade der Straßburger Garnison auf dem Polygon ab, am gleichen Tag besuchte er das Münster und die Universität. Foto: Photographisches Atelier Johann Mehlbreuer, Steinwallstr. 56, Straßburg i/E.

„Ich bin noch gesund und munter." Postkartengruß vom 17. Juli 1904
an die Eltern und Geschwister. Sammlung: Blazek

Am 17. Juli 1904 schreibt der in Straßburg stationierte Soldat B. Zimmermann seinen Eltern und seinen Geschwistern unter der Anschrift Nic. Zimmermann, Restauration, Aachenerbruck b. Eynatten, Aachen, Rheinland: „(...) Ich bin noch gesund und munter ... Am 12ten Sept. rücken wir ins Manöver. Jeden Tag schwere Märsche, bei großer Hitze, daß man da nicht schlapp macht, ist alles."

POLYGON – KLEBER-DENKMAL   POLYGON – MONUMENT KLÉBER

Denkmal zur Erinnerung an den französischen General der Revolutionsarmeen Jean-Baptiste Kléber (1753-1800), etwa 1906. Es wurde 1801 vom Artilleriekorps am Eingang zum Polygon aufgestellt und in den Kriegsjahren zwischen 1940 und 1944 von den Nationalsozialisten entfernt. Über die Errichtung heißt es bereits in der „Predigt bey dem Erndte-(,) Herbst- und Friedens-Fest, den XXIV. Trinit. 1801" von Dr. Johann Lorenz Blessig (1747-1816): „Auf einer Rhein-Insel, gegen Kehl über, wird dem tapfern und bescheidenen Desair, so wie auf dem Polygone unserm in Aegypten ermordeten Landsmann, dem General Kleber, ein Denkmal errichtet." Foto: Jul. Manias, Börsenstr. 20, Straßburg

Im „Unterhaltungsblatt und Anzeiger für den Kreis Schleiden u. Umgebung" wurde am 2. September 1908 in den „Tagesnachrichten" aus dem Deutschen Reich berichtet: „Die eigentlichen Kaisertage für das Reichsland, in Metz und Straßburg, die den Majestäten außerordentlich und jubelnde Volks-Ovationen geboten haben, haben mit Sonntag ihr Ende gefunden. Der Kaiser und die Kaiserin sind für einige Tage nach Berlin, wo am heutigen Dienstag die Sedan-Parade über das Gardekorps stattfindet, heimgekehrt, und es folgen dann vor dem obersten Kriegsherrn die großen Manöver in Lothringen. Am Sonnabend fand auf dem Polygon bei Straßburg, dessen Bürgermeister der Monarch seine besten Wünsche für die Entwicklung der Hauptstadt des Reichslandes ausgesprochen hatte, die Parade über das 15. Armeekorps statt. Am Abend war Paradetafel und Zapfenstreich; der Sonntag brachte einen feierlichen Feldgottesdienst auf der Esplanade. Am Abend war Festtafel für die Reichslande im Kaiserpalast, der die Abreise nach Berlin folgte. Die Parade am Sonnabend vormittag fand teilweise bei leichtem Regen statt, konnte aber ohne Störung zu Ende geführt werden. Der Kaiser übergab die für das Armeekorps bestimmten neuen Fahnen mit einer kernigen Ansprache den Kommandeuren der betreffenden Regimenter und ritt dann die Front der Paradeaufstellung ab, während die Kaiserin mit den Prinzessinnen im Wagen fuhr. Nachdem der oberste Kriegsherr noch die erschienenen Kriegervereine begrüßt und mit einer Anzahl Veteranen sich unterhalten hatte, fand die Parade statt, und zwar des Regens wegen nur ein Vorbeimarsch. Der Großherzog von Baden führte sein Ulanenregiment Nr. 11 vor. An der Spitze der Fahne-Kompagnie kehrten die Herrschaften unter lebhaften Kundgebungen zur Stadt zurück. Vor der evangelischen Garnisonkirche wurde das Kaiserpaar von elsässischen Landleuten in historischer Tracht begrüßt. Nach der Tafel nahm der Kaiser mehrere Besichtigungen vor, während bei der Kaiserin Damenempfang abgehalten wurde. Bei der Paradetafel trank der Kaiser auf das Wohl des Armeekorps."

Kaiserparade auf dem Polygon bei Strassburg i. E. am 29. August 1908.

Kaiserparade vom 29. August 1908, auf dem Polygon bei Straßburg. Links: Generalmajor Hermann von Schubert, Kommandeur der 4. Fuß-Artillerie-Brigade, mit Stabsoffizieren und Adjutanten des Niedersächsischen Fußartillerie-Regiments 10 und des Badischen Fußartillerie-Regiments 14 zu Pferd. Rechts ist eine große Militärkapelle zu sehen, im Hintergrund Gebäude und eine Zuschauermenge. Landesarchiv Baden-Württemberg, Abt. Hauptstaatsarchiv Stuttgart, M 703 R977N3. Deutsche-Digitale-Bibliothek.de

Was dann in dieser öden Landschaft südlich von Straßburg passierte, hat zu einem großen Teil der beim Eurokorps stationierte und bereits am 15. April 2012 nach langer Krankheit verstorbene französische Stabsfeldwebel Eddy Tomczyk (1950-2012) ergründet. Seine Ergebnisse bilden einen Schwerpunkt in den nachfolgenden Darstellungen.

Ab 1913 begannen die Kasernenbauarbeiten in diesem kargen Landstrich am Rande des Neuhofer Waldes. Die neuen Anlagen sollten als Unterkunft für die dem XV. Armee-Korps unterstehende 1. Kompanie sowie den Stab des Flieger-Bataillons Nr. 4 dienen. Das Bataillon stand damals unter der Leitung von Major Wilhelm Siegert (1872-1929), der im Ersten Weltkrieg zum Inspekteur der deutschen Flieger- und Luftschifftruppen avancierte.

25

Gelesenste, verbreitetste Zeitung Elsaß-Lothringens.

Straßburger
Neueste Nachrichten

mit achtseitiger Gratis-Beilage:
„Sonntagsblatt“.

Straßburger Nachrichten. — Elsaß-Lothringische Nachrichten.

Haupt-Insertionsorgan des Reichslandes.

General-Anzeiger für Straßburg und Elsaß-Lothringen.

| Nr. 14. | Erstes Blatt. | Straßburg, Freitag den 17. Januar 1913. | 36. Jahrgang |

Italiens auswärtige Politik.
Von unserem Korrespondenten.

J. Rom, 16. Januar.

Deutscher Reichstag.
(Tel.) Berlin, 16. Januar.

Eröffnungssitzung.

Bericht.

Die Abenteurerin.
Roman von Josef Freiherr v. Steinach.
(7. Fortsetzung.)
(Nachdruck verboten.)

IV.

Straßburger Neueste Nachrichten – General-Anzeiger für Straßburg und Elsass-Lothringen,
Ausgabe vom 17. Januar 1913, Erstes Blatt. Digitale Sammlung Blazek

Zur Verfügung stand ein Teil des Flugplatzes „Polygon", der schon seit 1720 militärischen Zwecken gedient hatte. Die Armee übernahm das Wachlokal, von dem aus vor 1870 der Zugang zum Flugplatz kontrolliert worden war, und auch einige Nebengebäude und fügte einige Gebäude im Osten hinzu.

Mit dem Bau der zum Unterstellen der Zeppeline bestimmten „Parsival-Halle" kam um die Wende zum 20. Jahrhundert ein kleines Team von Offizieren auf den Polygon, um die Infrastruktur weiter auszubauen. Offensichtlich begannen die Dienstleistungen des Garnison-Bauamtes in Sachen Kasernenbau in der ersten Hälfte des Jahres 1913. Ein Plan wurde im Juli des gleichen Jahres genehmigt und die Arbeiten gegen Ende des Sommers aufgenommen.

Für die kaiserliche Luftfahrt war die Wahl des Standortes, taktisch gesehen, sinnvoll, weil er quasi ein Vorposten vor den Vogesen und Frankreich war.

„Die lustige 11/105 auf dem Heimweg vom Schieß-Stand Klebsau 1910". Die 11/105 war die 11. Kompanie im 3. Bataillon des Infanterie-Regiments Nr. 105. Repro: Blazek

Das vielen noch bekannte, heute jedoch nicht mehr bestehende Gebäude 022 befand sich nördlich des Eingangs zum Schießstand Klebsau. Es war dazu bestimmt, deutsche Soldaten aufzunehmen. Vor ihm befanden sich ein paar kleine Gebäude, in denen Werkzeuge zur Oberflächenbearbeitung, Holz und Kohle, Brennstoffe, Abfall und verschiedene Luftfahrteinrichtungen (Prüfstände, Werkstätten, Lagerhallen, etc. ...) gelagert wurden. In Verbindung mit dem Schießstand gab es ein kleines Längsgebäude, das hinter dem Gebäude stand und als „Basic" (Gebäude 051) bezeichnet wurde. In den späten 1990er Jahren verschwand es von der Bildfläche.

Schließlich gab es die Hangars und Werkstätten, Garagen und ein Offizierkasino, die eins nach dem anderen im Südosten gebaut wurden, in einem Bogen entlang des Süd- und Ostbereichs des aktuellen Polygons bis zum letzten Hangar. Letzterer war das letzte Glied des militärischen Baubereichs (heute in etwa südlich des Fallschirmspringer-Clubs). Alle diese Gebäude wurden bereits 1912 auf einer deutschen Karte eingezeichnet.

Falscher Alarm ist vielleicht die beste Überschrift, die zu einem Vorfall im Jahr 1913 passt, bei dem die gesamte Straßburger Garnison einer Falschmeldung aufgesessen war und auf dem Polygon aufmarschierte.

Der entlassene Metzer Vizefeldwebel August Wolter, auf dessen Konto der „Straßburger Aschermittwochs-Alarm" von 1913 ging, ist heute wohl nur noch im Elsass bekannt.

Der Annus horribilis für das XV. Armeekorps sollte das Jahr 1913 werden, das nicht nur im Elsass, sondern auch in Altdeutschland und darüber hinaus für gewaltige Beben und Nachbeben sorgte. Schon im Frühjahr hatte der „Straßburger Aschermittwochs-Alarm" für mehr als Spott im In- und Ausland gesorgt.

Damals, am 5. Februar, dem Aschermittwoch des Jahres 1913, hatte der ehemalige Soldat August Wolter mittels eines fingierten Telegrammes die gesamte Straßburger Garnison in Erwartung Seiner Majestät des Kaisers in Parade stellen lassen. Nach dem ausführlichen Bericht der „Straßburger Neuesten Nachrichten" vom 6. Februar 1913 hatte am späten Vormittag des 5. Februars „der 1877 zu Ban-St. Martin geborene und wegen Geistesgestörtheit seit längerer Zeit schon pensionierte Zahlmeisteraspirant August Wolter" der Straßburger Hauptwache ein „nach Form und Ausdrucksweise einwandfreies Telegramm" zugespielt.

August Wolter, der 1898 in das Fuß-Artillerie-Regiment Nr. 8 in Metz eingetreten war, hatte sich als Zahlmeisteraspirant gut geführt und den Dienstgrad eines Vizefeldwebels erreicht. Er galt schon damals etwas als Sonderling. Bei einer Revision soll ein Fehlbetrag von 3000 Mark entdeckt worden sein, den Wolter nicht aufklären wollte. In Untersuchungshaft gesteckt, wurde er schließlich als unzurechnungsfähig entlassen.

Jener Wolter fuhr am frühen Morgen des 5. Februar 1913 nach Weißenburg (Elsass), ging dort zur Post und telegraphierte an seine eigene Anschrift das Wörtchen „Ja", setzte sich in den nächsten Zug und fuhr wieder nach Straßburg zurück.

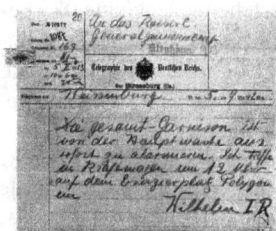

In Straßburg zog der frühere Zahlmeisteraspirant die Uniform eines Postbeamten an, ging auf die Hauptwache am Kleberplatz und gab jenes folgenschwere „Kaisertelegramm" ab. In der aus Weißenburg datierten Depesche hieß es: „An das Kaiserl. Generalgouvernement, Garnison-Hauptwache Straßburg. Die gesamte Garnison ist von der Hauptwache aus sofort zu alarmieren. Ich treffe im Kraftwagen um 12 Uhr auf dem Exerzierplatz Polygon ein. Wilhelm I R"

Wolter verschwand dann schleunigst und zog sich in ein Weinlokal zurück. Der wachhabende Leutnant von der 7./Infanterieregiment 126 auf der Hauptwache ließ die Depesche sofort dem Gouvernement zustellen, und dann rollte vorschriftsmäßig der Alarm ab.

Auf dem Gouvernement, wohin das Telegramm gebracht wurde, zweifelte niemand an der Echtheit des kaiserlichen Befehls. Nach dem Eintreffen des Telegramms wurden die Nichtkasernierten und die Offiziere durch Trommelsignale und Eilordonnanzen in die Kasernen berufen. Gegen 12 Uhr marschierten Truppen aller Waffengattungen in Felduniform zum großen Exerzierplatz auf dem Polygon hinaus, wo sich bereits Prinz Joachim von Preußen (1890-1920), die Generalität und der Kaiserliche Statthalter in Elsass-Lothringen, Se. Exzellenz Karl Graf von Wedel (1842-1919), eingestellt hatten.

Die Alarmierung der gesamten Garnison und auch aller Außenforts fand statt, obwohl man wusste, dass der Kaiser an diesem Tage an einer Feier in Königsberg teilnehmen wollte. In wenigen Stunden war die Stadt im Ausnahmezustand. Bereits nach einer Stunde stand die gesamte Garnison mit rund 18.000 Mann aller Truppengattungen marschbereit auf dem Polygon.

Straßburg war von einem Tag auf den anderen aufgeblüht. An jedem Mast, von jedem Fenster wehten die Fahnen des Deutschen Reichs. Die ganze Stadt war in heller Aufregung, denn der Kaiser selbst, Seine Majestät Kaiser Wilhelm II., wollte die Stadt besuchen.

August Wolter in den Straßburger Neuesten Nachrichten vom 6. Februar 1913. Repro: Blazek

Um 12 Uhr war der Kaiser noch nicht eingetroffen. Die auf dem Polygon versammelte Menge dachte sich zunächst nichts. Um 14 Uhr forschte der kaiserliche Gouverneur nach, wo der Kaiser denn bliebe. Das Ergebnis war, dass niemand überhaupt etwas von dem anstehenden Besuch wusste.

Der groteske Fastnachtsstreich, der an die Tat des Hauptmanns von Köpenick erinnert, entfesselte in aller Welt einen Sturm von Heiterkeit.[1]

Er hatte natürlich auch Nachwirkungen, wie aus einer Akte des Reichsministeriums hervorgeht: Am 18. April 1913 musste sich der Gouverneurs von Straßburg, General v. Egloffstein, vor dem Reichstag verantworten. „Nun weiß der Gouverneur nichts anderes zu tun, als die ganze Garnison zu alarmieren. Sie marschieren alle miteinander auf den Exerzierplatz hinaus", wurde ihm vorgehalten. Am Ende stand Pensionierung des Gouverneurs von Straßburg.

Vor Gericht gab August Wolter alles unumwunden zu. Motiv: ungerechte Bestrafung, abgelehnte Beschwerden, Verrücktelklärung. Wolter hatte den Beweis

---

[1] Herzog, Wilhelm, Der Zahlmeister von Straßburg (Polit. Aufsatz), in: März – Eine Wochenschrift, Verlag Albert Langen, München 1913, S. 264-266. Tarnau, Feodor, Der Straßburger Aschermittwoch-Alarm vor 50 Jahren – Eine heiter gewordene Erinnerung an den 5. Februar 1913, in: Deutsches Soldaten-Jahrbuch 1963, 11. Deutscher Soldatenkalender, München 1963, S. 115-118. Meißner, Hans Otto, So schnell schlägt Deutschlands Herz, Brühlscher Verlag, Gießen 1951, S. 16. Hertwig, Max, August Wolter, Zahlmeister-Aspirant, „genannt das Roß": Falscher Alarm – Straßburger Kaiserparade am Aschermittwoch 1913, 1953. Akten des Reichsministeriums Bd. 289, 143. Sitz. S. 4888B ff., Bd. 289, 143. Sitz. S. 4891C.

seiner Zurechnungsfähigkeit erbringen wollen. In den Verhandlungen des Reichstags verlautete am 18. April 1913, dass man ihn „inzwischen auf dem nicht mehr ganz ungewöhnlichen Wege der Einsperrung ins Irrenhaus unschädlich gemacht" habe.

Es folgten die für Frankreich und die Welt schicksalhaften Jahre des Ersten Weltkrieges (1914-1918) mit der bedeutenden Schlacht um Verdun, die am 20. Dezember 1916 ohne wesentliche Verschiebung des Frontverlaufs geendet hatte.

Bei der Unterzeichnung des Versailler Vertrages am 28. Juni 1919 ging die „caserne du Polygon" an die französische Armee zurück, die sie zu Ehren des ruhmreichen französischen Piloten Georges Guynemer (1894-1917) umbenannten.

Am 28. Oktober 1919 gingen 200 mit dem Bildnis der „Störche" bemalte Kampfflugzeuge nach vier Jahren Einsatz auf dem Polygon in die Wartung. Diese Flugzeuge bildeten in den frühen 1920er Jahren die acht Staffeln (1 bis 3, 5 bis 7, 9 und 10) des 2. Régiments d'Aviation de Chasse (2e RAC, 2. Jagdflieger-Regiment).

Von diesem Augenblick an war das Schicksal des Gebäudes 022 eng mit den Aktivitäten verbunden, die sich auf dem benachbarten Polygon abspielten.

Das relativ große Regiment war inzwischen recht beengt in der Kaserne Guynemer. Aus diesem Grunde wurden künftig Teile in einer anderen Kaserne in der Nähe untergebracht, und zwar im Quartier Lizé (Nordteil, das heutige Lyautey). Diese erhielten den Namen *Parc d'Aviation n° 2*.

Der benachbarte Polygon wurde weiterhin als Flugplatz genutzt.

Der Parc d'Aviation n° 2 stand dem Personal insbesondere für die Grundausbildung und Unterweisung der Artilleristen- und Mechanik-Anwärter zur Verfügung. Die Kommandoeinheiten, die Schwadronen, die anderen hauptsächlichen Büros und die Dienstleistungen verblieben in der Kaserne Guynemer und teilweise im bâtiment (Gebäude) Garros. Dieses imposante Gebäude erhebt sich fast an der nordöstlichen Spitze der Einrichtungen. Mit seiner besonderen kleinen quadratischen Plattform auf der Höhe des zentralen Schornsteins wurde es ursprünglich als Offizierkasino des Flieger-Bataillons Nr. 4 gebaut. Mit dem Eintreffen des 2^e RAC wurde das Gebäude wegen der Farbe seiner Ziegel in „Maison Rouge" oder auch „pavillon Garros" umbenannt.

Schließlich wurden die Flugzeughangars aus deutscher Zeit durch neue Anlagen des Regiments in den südlichen und östlichen Bereichen des Feldes ergänzt. Alle Hangars, die die Flugzeuge der acht Jagdstaffeln und den pavillon Garros beherbergten, stehen heute nicht mehr.

Gegen Ende des Jahres 1919 wurden die Piloten des Geschwaders im Gebäude A oder 11 untergebracht (die Namen verschwanden in den 1980er Jahren, dann wurde daraus das Gebäude 022) und das große Hauptgebäude aus rotem Backstein gebaut.

Dieses Regiment hat am Ende mehr Geschichte auf seinem Flugplatz als in der Kaserne Guynemer geschrieben.

Am 1. Januar 1921 wurde die Staffel SPA (Société de Production des Aéroplanes) 124 „Jeanne d'Arc" als Teil der 10. Staffel des 2ᵉ RAC auf dem Gelände von Straßburg-Neuhof rekonstituiert. Der Kriegspilot Lieutenant Robert hatte für mehr als sieben Jahre in Folge das Kommando über die Schwadron.

Der *Pavillon Garros* auf einer Postkarte, wohl um 1920. Repro: Blazek

Am 9. April 1921 trat Antoine de Saint-Exupéry (1900-1944) seinen Militärdienst in Straßburg an. Er meldete sich beim 2ᵉ RAC und bezog als unterkunftspflichtiger, einfacher Soldat de deuxième classe die Stube Nr. 12 in der Kaserne Guynemer. Von seinem Aufenthalt zeugen verschiedene an seine Mutter adressierte Briefe. Gemeinsam mit Robert Aeby, einem Mitarbeiter des zivilen Unternehmens Transaérienne de l'Est (dieses wurde alsbald dem 2ᵉ RAC einverleibt), nahm er dort seine ersten privaten Flugstunden. Aeby war später, von 1933 bis 1939, Chefpilot des Aéro-clubs d'Alsace.

Am 18. Juni 1921 hatte de Saint-Exupéry seinen ersten Flug, und zwar auf einem Doppeldecker des Typs Farman F.40 in Anwesenheit Aebys: drei Platzrunden à 15 Minuten. Dann wechselte er auf eine Sopwith F-CTEE, flog am 9. Juli erstmals ohne Begleitung und erhielt nach 25 Flugstunden 1922 seinen Flugschein. Wenig später wurde de Saint-Exupéry zum 37° Régiment d'aviation du Maroc versetzt, wo er am 10. Oktober 1922 zum Sous-lieutenant (Unterleutnant) befördert wurde.

Von Antoine de Saint-Exupery ist ein alltagsgeprägtes Zeugnis erhalten, der in einem Brief an seine Mutter vom „Luxus" seiner Wohnung an der „Neuen Straße" (12, rue du 22 novembre) berichtete: „J'ai trouvé une chambre épatante. J'ai la salle de bains et le téléphone de l'appartement à ma disposition. C'est chez un

31

ménage qui loge dans la plus chic rue de Strasbourg, de braves gens qui ne savent pas un mot de francais. La chambre est luxueuse, chauffage central, eau chaude, deux lampes électriques, deux armoires et un ascenseur dans l'immeuble, le tout 120 francs par mois."

Die Kaserne Guynemer auf einer Postkarte, 1922. Repro: Blazek

Von Ende Mai 1925 bis 1929 war der später hoch dekorierte französische Pilot Emmanuel Arin (1904-1948) beim 2^e RAC stationiert.

Startbereite Flugzeuge auf dem Flugplatz. www.haju68.comoj.com

Bei der Auflösung des 2ᵉ RAC im September 1933 folgten aufeinander bis 1939 das Centre Aérien Régional de Strasbourg, die Groupe Aérien Régional und die Groupe Aérien d'Observation n° 553. Die französische Luftwaffe beanspruchte die Kaserne Guynemer auf diese Weise bis 1939.

Yvette Luczò, damals als Jugendliche an der route du Polygone wohnhaft, wo ihr Vater eine Kaffee-Bar besaß, erinnerte sich an diese Zeit: „A la caserne Guynemer nous y allions jouer après le départ des aviateurs. Il y avait ces tra-vées de tir et avec toute l'insouciance de notre jeunesse nous jouions à cache-cache dans les buttes de tir." „Nach dem Weggang der Flieger waren wir zum Spielen in der Kaserne Guynemer. Dort waren diese Schießbuchten, wo wir in unserem jugendlichen Leichtsinn Verstecken spielten."

Es folgte der Zweite Weltkrieg (1939-1945). Am 10. Mai 1940 begann der Westfeldzug, und bald sollte auch Straßburg wieder deutsche Soldaten sehen. Die Kaserne Guynemer, von damaligen Zeitzeugen umgangssprachlich als „ca-serne du Polygon" bezeichnet, diente vor allem im Juli 1940 zum Durchschleu-sen von Offizieren aus dem Elsass und aus Lothringen ins Deutsche Reich, wo sie eine „glorreiche Zeit" erwarten würde. Die Alternative war eine – nicht sel-ten bevorzugte – Unterbringung in Lagern. Überliefert ist eine Tagung des *Deut-schen Befreiungskomitees* unter Vorsitz des Rechtsanwalts Thomas de Sarre-guemines, eines berüchtigten „Autonomisten", am 13. Juli 1940.

Die Kaserne bildete 1943 und 1944 wegen der dort geschaffenen Ausbildungs-einrichtung für Stuka-Piloten ein bevorzugtes Angriffsziel für die Engländer und Amerikaner.

Yvette Luczò erinnerte sich auch an jene Nacht, als der pavillon Garros bom-bardiert wurde. „Eine einzige Bombe", sagte sie. „Keine Kollateralschäden, und am nächsten Tag war das Offizierkasino nur noch ein Ruinenfeld."

Die deutschen Truppenteile verließen frühzeitig vor Kriegsende die Kaserne Guynemer. Ungenutzt und menschenleer wartete sie nunmehr auf den Einzug neuer Einheiten.

Unmittelbar nach dem Krieg wurden die Schäden beseitigt. Zugleich entschied die französische Kommandantur, dass keine Ausbildung mehr in diesem militä-rischen Bereich stattfinden sollte.

Schließlich wurde aber die Entscheidung getroffen, die Örtlichkeit an eine Ein-heit zu vergeben. Mit Wirkung vom 7. Oktober 1948 wurde die Kaserne der Fremdenlegion übergeben, die dort ein Rekrutierungsbüro, das „Centre de Re-groupement et de transit de la Légion Etrangère" (CRLE), einrichtete und An-fang der 1950er Jahre einige kleinere Gebäude im Ostbereich vornehmlich in Plattenbauweise errichtete.

Der Capitaine (Hauptmann) Olivier Desjeux wurde 1950 zwischen zwei Indo-china-Einsätzen in der früheren Kaserne Guynemer untergebracht. Er erinnerte sich:

Das Rekrutierungsbüro der Fremdenlegion (PRLE), in Kehl untergebracht (öst-lich von Straßburg in Deutschland), richtete in unmittelbarer Nähe des Poly-

gons in der Kaserne Guynemer ein Gruppierungscenter der Fremdenlegion *(CRLE) ein. Das CRLE erhielt seine Bedeutung mit dem Zustrom von Kandidaten aus ganz Europa, die sich verpflichten lassen wollten. Sie kamen vorwiegend von den in Westdeutschland und Berlin stationierten französischen Militäreinheiten. Deren Aufgabe war es, sie so schnell als möglich in Richtung CRLE in Marsch zu setzen (und sie zuvor einzukleiden) ... Die Herausforderung bestand darin, die zukünftigen Legionäre nach Frankreich zu schmuggeln. Zu diesem Zweck wurden sie Konvois von Urlaubern oder Manövertruppen, die zu Übungszwecken in Frankreich den Rhein überquerten, zugeteilt. So wurden sie ohne Papiere in Marsch gesetzt, durch die verschiedenen Besatzungszonen, sie überquerten die Grenze, während der Zoll bescheiden seine Augen von diesen Konvois abwendete. Anschließend wurden sie von den Führungskräften des CRLE abgeholt und in die Kaserne Guynemer transportiert, wo sie erste medizinische Untersuchungen über sich ergehen ließen und vom Offizier der Militärischen Sicherheit befragt wurden. Für diejenigen, die nicht ausgewählt wurden, fand die Rückreise unter den gleichen Bedingungen statt. Es ist noch erwähnenswert, dass es nie jene berüchtigten Zwischenfälle mit den freiwillig Verpflichteten gegeben hat. Vielleicht erschienen die Lebensbedingungen auf der anderen Seite des Eisernen Vorhangs und in einem im Wiederaufbau begriffenen Deutschland nicht zu deutlich manifestiert gewesen zu sein. ... Auf jeden Fall war diese Arbeit ein wahrer Glücksfall, weil sie auch dazu diente, die lokalen Gebäude zu unterhalten in Erwartung der Kandidaten, die anschließend den Rest der Zugfahrt nach Marseille antraten ... zum Fort Saint Nicolas, dem Abreiseort in ein neues Leben.*

Camerone, der jährlich wiederkehrende Festtag der Legionäre, fand am 30. April 1952 im Quartier statt. Ältere erinnerten sich an das Schwimmbad, das im Bereich des ehemaligen Eingangs zum Polygon hin (eine Fläche, die sich im Bereich des Rasens zwischen den modularen Gebäuden befunden haben dürfte) angelegt wurde. Rund um das Becken wurden kleine Nischen hergestellt, und die Legionäre, von denen einige wahre Künstler waren, haben mithilfe von Figuren einige große Schlachten der Legion nachgestellt. Später erinnerte sich niemand mehr genau, ob dieser Pool seine primäre Funktion als Schwimmbad für die höheren Dienstgrade der Legion erfüllt hat.

Am 5. Januar 1953 änderte die Kaserne Guynemer ihren Namen in Erinnerung an François Aubert de Vincelles, eines 1951 in Indochina gefallenen Bataillonskommandeurs der Fremdenlegion, der einige Zeit auch in der Kaserne Guynemer gedient hatte.

Zur Person: François Aubert de Vincelles (1906-1951):

Major François Hubert Raoul Aubert de Vincelles wurde am 5. Juli 1906 in Lanarvily in der Gemeinde Plabennec (Finistère/Bretagne) geboren. Er „fiel für Frankreich" am 16. November 1951 in Tonkin und liegt auf dem Friedhof von Hanoi begraben. Er war verheiratet und Vater von drei Kindern.

Am 28. September 1928 verpflichtete sich François Aubert de Vincelles mit Eintritt in die Ecole Spéciale Militaire de Saint-Cyr für acht Jahre. Am 1. Oktober 1930 wurde er zum Leutnant befördert und erhielt als erste Verwendung im 117. Régiment d'Infanterie. Am 1. Oktober 1932 folgte die Beförderung zum Oberleutnant, und 1933 meldete er sich freiwillig zum Dienst in Marokko. Er tat sich dort mit einer lobenden Erwähnung im Divisionsbefehl zum ersten Mal hervor. Nach wie vor in Marokko, wo er die Kompanie des 2. Régiments de Tirailleurs Marocains führte, wurde er am 1. September 1939 zum Hauptmann befördert. Nach bestandenen Sprachprüfungen in Englisch und Arabisch fügte er seinen Sprachkenntnissen noch Indochinesisch hinzu. Seine Beurteilungen waren ausgezeichnet. Er fiel auf als ausgezeichneter, energischer, beharrlicher und geradliniger Offizier, als sehr guter Ausbilder und Verwalter. Seine Auffassungsgabe sei rasch, einfach und klar. Er führe Befehle ruhig und sicher aus. All diese Vorzüge findet man in seiner späteren Laufbahn im Gefecht wieder. Aber 1940 wurde Hauptmann Aubert de Vincelles von den Deutschen gefangengenommen und verbrachte fünf Jahre in Gefangenschaft.

Nach der Befreiung 1945 führte ihn eine erneute Verwendung nach Algerien und von dort sofort nach Indochina. Am 25. Dezember 1946 wurde er beim 2. Régiment Etranger d'Infanterie zum Major befördert und zeichnete sich am 16. April 1947 wieder im Kampf aus, was insbesondere aus einer ehrenvollen Erwähnung bei der Brigade hervorgeht, in der sein Mut und seine Selbstverleugnung im Feuer unterstrichen wurden. Einige Monate später wurde er zum obersten Führungsstab nach Saigon versetzt. Nach seiner Rückkehr ins Heimatland wurde ihm am 7. Oktober 1948 die Leitung des Sammel- und Transitzentrums der Fremdenlegion in der Kaserne Guynemer übertragen. Am 2. November 1949 gab er dieses Kommando ab und übernahm die Leitung des Lagers der Fremdenlegion in Marseille. Am 31. März 1951 stieg er zum letzten Mal in ein Flugzeug, um nach Indochina zu fliegen.

Auf die Entscheidung N° 8 vom 22. Februar 1952 hin erwähnte der stellvertretende Vorsitzende des Ministerrates und Verteidigungsminister im Armeebefehl Major Aubert de Vincelles posthum mit folgenden Worten: „Großartiger Offizier, der in allen Lagen die besten militärischen Tugenden unter Beweis stellte. Seit dem 1. Juni 1951 zeigte er als Kommandeur an der Spitze des 2. Bataillons des 3. Infanterieregiments der Fremdenlegion seine großen Führungsqualitäten. Er wurde von seinen Offizieren, Unteroffizieren und Soldaten heiß verehrt und spornte sie zu besten Ergebnissen an." Am 16. November 1951 fiel er während eines schweren Gefechts in der Gegend von Cho-Ben (Nordvietnam) an der Spitze seiner Männer, denen er bis zum letzten Atemzug „ein bewundernswertes Beispiel an Mut und Opferbereitschaft war".

Major Aubert de Vincelles war Ritter der Ehrenlegion mit zwei lobenden Erwähnungen und Offizier im Orden des Drachens von Annam.

[Beitrag zur Person von Major (FRA) Eddy Tomczyk (†)]

Eine Unklarheit bleibt jedoch, ob diese militärische Einrichtung nun eine Kaserne oder ein Quartier (Viertel) war. Ein gewisser „Michel" richtete am 30. Dezember 1952 einen Kartengruß an seine Geliebte, seinen Standort bezeichnete er mit „quartier AUBERT de VINCELLES / Strasbourg Neudorf.", wobei das Wort „quartier" hier keine Kaserne, sondern das Stadtviertel beschreibt.

Ein paar Jahre später wurde auf dem Paradeplatz der Kaserne ein Gedenkstein eingeweiht. Beim Abzug der Legion aus dem Quartier Aubert de Vincelles im Jahr 1969 wurde dieser Stein aufgenommen und beim Centre de Recrutement der Fremdenlegion im Quartier Lecourbe in Straßburg neu aufgestellt. Auf dieser Stele sind die Namen der Bataillonskommandeure Aubert de Vincelles und Buretel Chassey eingraviert.

Das CRLE verlegte zudem die vornehmlich in den kriegerischen Auseinandersetzungen in Indochina und Algerien verletzten oder sonst genesenden Legionäre in die Liegenschaft. Die Legionäre hatten den benachbarten Polygon auch zu Trainingszwecken und für Fallschirmsprünge genutzt. Der Adjudant-chef (Hauptfeldwebel) Uhl, in den fünfziger Jahren ein Teenager und später Legionär, erinnerte sich an die Zeit, als er hinter den elastischen Bändern des Schirms herlief, um daraus große Bälle zu machen.

Adjudant-chef Ruhe, ebenfalls ein ehemaliger Legionär, war 1968 Präsident der Unteroffiziere und Chef des *Service général* im Quartier Aubert de Vincelles. Im Jahr 1997 kehrte er an den Ort zurück, den er früher gut kennengelernt hatte, und sprach emotional über seine Erinnerungen. „Ich bin verloren", sagte er, „mit Ausnahme des großen Gebäudes (er zeigte mit dem Finger in Richtung Gebäude 022) hat sich alles verändert. Früher war der aktuelle Tennisplatz unser Garten." Er erinnerte sich auch an einen besonders „epischen" Fallschirm, indem er erzählte: „An diesem schönen Frühlingstag sprangen deutsche Soldaten während einer Übung auf dem Polygon. Insgesamt ist die Übung gut verlaufen, außer für zwei Fallschirmjäger, die aus irgendeinem Grund beim Landen in Richtung Bäume im Randbereich abgetrieben worden sind (heute das Gebäude G4 – bureau ‚Logistik'). Ein paar Meter über dem Boden hingen sie verstrickt in den Seilen ihrer Flügel. Unfähig, sich aus ihrer misslichen Lage zu befreien, waren die beiden Fallschirmjäger auf Hilfe angewiesen. Ich rief die Feuerwehr, die wenige Minuten später den beiden unglücklichen deutschen Fallschirmjägern half, die kurz danach wieder ihre Füßen auf den Boden stellen konnten. Mit folgender Begründung kamen die beiden allerdings zur Gefängnisstrafe in die beiden Zellen des alten Wachlokals:

» Avoir pénétré dans un quartier sans autorisation

Menottes aux poignets et ne comprenant rien à la situation, nos deux paras durent se soumettre. Mais ce ne fut que pour quelques courts instants, le temps de préparer un pot colossal, digne de la Légion, au mess voisin et y convier la section rassemblée pour une cuite mémorable. »

„Wegen nicht genehmigten Betretens eines Quartiers

Da die beiden Fallschirmjäger ihr Fehlverhalten nicht einsahen, mussten sie die Handschellen erdulden. Aber es war nur für eine kurze Zeit, die Zeit, um einen der Legion würdigen Pot (Fest) in der benachbarten Mess (Kasino) vorzubereiten und dort eine unvergessliche Zusammenkunft zu feiern. "

Am 30. April 1969 wurde letztmalig der Camerone-Tag im Quartier Aubert de Vincelles gefeiert. Der Bataillonsführer und Kommandeur des CRLE, Guillermet, begrüßte den General François Pépin-Lehalleur (1914-2012), den amtierenden Kommandeur der 62ème Division Militaire. Ein Kranz wurde zur Erinnerung an die für Frankreich in Indochina gestorbenen Bataillonsführer und ehemaligen Kommandeur des CRLE Aubert de Vincelles sowie für capitaine René Buretel de Chassey (1905-1946) vor dem Denkmal abgelegt.

Nach dem Weggang der Legion zum 1. Oktober 1969 übernahm die 40. Eskadron des Generalquartiers der 1. Armee (40ème EQG Strasbourg) den Bereich. Ab 1970 entwickelte sich das 40ème EQG Strasbourg allmählich zu einer großen Grundeinheit, die für die technische und administrative Unterstützung des Stabes der 1. Armee verantwortlich zeichnete, wobei letzterer in der Innenstadt, an der Rue Brûlée, untergebracht war.

Und für mehr als 20 Jahre wurden die Aufgaben der 40ème EQG Strasbourg zur Zufriedenheit seines Hauptauftraggebers, der 1. Armee, erfüllt. Und das Hauptgebäude 022 wurde gemäß dem folgenden Schema aufgeteilt:

* Im Keller waren die Küchen, Keller und die Lebensmittelreserven.
* Das Erdgeschoss war Büros des Geschwaders und seiner Waffenkammer vorbehalten.
* Die erste Etage wurde dem poste de commandement (P.C.) der 1. Armee während der Übungen zugeschrieben, bis zum Abschluss der Umgestaltung von Rochonvillers (Meurthe & Moselle).
* Die Truppen des Geschwaders wurden in der zweiten und dritten Etage untergebracht.
* Das Korpsmagazin der Einheit befand sich im Dachgeschoss des Gebäudes 022, das jedoch weitgehend ungeeignet für die Lagerung der Geräte der Verwaltung war.

Die Eskadron des Generalquartiers befasste sich mit der Umgestaltung, der Umwandlung und dem Bau neuer kleiner Gebäude. Diese Arbeiten waren vor allem auf ihre spezifischen Bedürfnisse abgestimmt, vor allem in dem Bereich, der das Haus (aktuelle Lage von G4), die Cercle mess (auf dem Rasen zwischen bâtiment 022 und der heutigen SRL – Société à responsabilité limitée), den Tennisplatz (an der Stelle der SRL) und die gewöhnlichen Soldaten. Dieses Gasthaus, das sich in einer alten Hütte aus Holz und Blech zwischen dem Gebäude 022 und dem Militärzaun im Westen, dem Flugplatz gegenüber, befand, kannten die Pioniere des Eurokorps gut, auch, weil sie 1994 und 1995 immer noch ihre Mahlzeiten in den Jahren vor der offiziellen Eröffnung der SRL eingenommen haben. Nicht unerwähnt bleiben sollte, dass dieses Gasthaus „Auberge de Vincelles" genannt wurde. Auch der angrenzende Hangar ist zu erwähnen.

Tatsächlich wurden in den frühen Jahren des Eurokorps nur die Mittagessen vor Ort eingenommen, und die bereits gekochten Gerichte kamen aus dem Quartier Lizé. Sie wurden erhitzt, verpackt und denen im Quartier arbeitenden Personen im Wege der Selbstbedienung serviert. Als der zur Verfügung stehende Bereich zu klein wurde, um alle Mitarbeiter auf einmal zu verpflegen, wurden die Mahlzeiten in zwei aufeinander folgenden Zeiten angeboten. Feste wurden hauptsächlich nachmittags nach dem Mittagessen gefeiert. Die Möbel wurden dann an den Wänden entlang aufgereiht, um einen ausreichenden zentralen Raum zu erhalten. Nach der Inbetriebnahme der SRL im Quartier im Januar 1996 wurde der kleine, ganz im Norden des Gasthauses befindliche Raum zu einem Fitness-Studio umgewandelt, und die Haupthalle wurde der Organisation von so genannten Pots (Umtrünken) und Faschingsfeiern gewidmet.

Dort in etwa, wenige Meter entfernt und mehr Richtung Süden befindlich, leicht westlich von der Achse des Gasthauses betrachtet, befand sich zur selben Zeit ein massiver Hangar, der zum Einen als Fitnessraum, zum Anderen aber als Räumlichkeit diente, wo das Personal wichtige Feiertage feiern konnte. Die Deutschen waren Hauptnutzer dieser Einrichtung für ihr Herbstfest und den Tag der Deutschen Einheit am 3. Oktober.

Schließlich wurden diese beiden Gebäude im Oktober 2001 niedergelegt, um Platz zu schaffen für die Erweiterung des offiziellen Haupteingangs von Gebäude 022 (Westseite).

Im Ergebnis ist es unstrittig, dass die Männer des 40° EQG in den 1970er und 1980er Jahren sehr akzeptabele Lebensbedingungen genossen. Dies alles mit einem gewissen Komfort in einem Prozess ständiger Verbesserung, auch wenn die Hygiene in den Blöcken mangels Warmwassers zu wünschen übrig ließ. Aber angesichts der Schnelllebigkeit der Zeit hatten die Menschen kaum Gelegenheit, die Pioniertat voll zu würdigen, die es im Laufe der Zeit zu implementieren gelang.

Bestätigt wird das Angenehme an diesem Lebensraum durch das Zeugnis eines „Alten" vom 40° EQG im Quartier Aubert de Vincelles, des *Soldat de première classe* Yves Thiéblemont:

« Je suis arrivé au quartier en octobre 1971, après mes "classes" à Toul. J'appartiens au contingent 71/08 et j'ai effectué mon service militaire en qualité de pâtissier au quartier AUBERT de VINCELLES où la qualité de vie était très bonne. J'ai obtenu à ma libération le certificat de bonne conduite, daté du 25.7.1972, qui me fut remis par le capitaine Simon. »

„Ich kam im Oktober 1971 hierher, nach meinem Grundlehrgang in Toul. Ich gehöre zum Einberufungsquartal 71/08 und habe meinen Wehrdienst als Bäcker im Quartier Aubert de Vincelles geleistet, wo die Lebensqualität sehr gut war. Ich habe zu meiner Entlassung ein gutes Führungszeugnis, datierend vom 25.7.1972, erhalten, das mir vom Capitaine Simon überreicht wurde."

Nach der Auflösung der 40. Eskadron des Hauptquartiers im September 1990 gewährleistete das 1er Régiment du Génie (1° RG) von Illkirch den Wachdienst auch während der laufenden Arbeiten, bis schließlich bis 1993 der Stab des Eurokorps das Quartier Aubert de Vincelles übernahm.

Quartier Lizé

Um die Geschichte der Kaserne zu verstehen, muss darauf hingewiesen werden, dass die beiden bestehenden Quartiers Lizé und Lyautey einen gemeinsamen Ursprung haben. Ursprünglich dienten sie im Zeitraum 1907 bis 1918 der deutschen Artillerie, bis diese beiden militärischen Einheiten aufgrund Umgliederungen innerhalb des deutschen Reichsheeres organisatorisch voneinander getrennt wurden.

Früher war das für den Bau der zukünftigen „Caserne des Artilleurs" in Neuhof vorgesehene Gebiet, das in der Ebene mit „Auf der Aue" bezeichnet wurde, nur aus Feldern zusammengesetzt. Dies belegt eine Karte von 1860. Fast fünf Jahrzehnte später entsteht die zukünftige Artilleriekaserne an der route d'Altenheim oder Altenheimer Straße. Der elsässische Architekt Edouard Schimpf (1877-1916) hatte die Pläne dieser riesigen militärischen Liegenschaft entworfen, die an die deutsche Armee in der Stadt Straßburg vermietet wurde. Schimpf war mit der Auftragsannahme am 16. Januar 1907 bis zum Jahr 1910 Stadtbaumeister. Er fiel mit 39 Jahren am 22. September 1916 an der Ostfront.

Parade vor der Hauptwache am Kleberplatz. 1913 versandte Ansichtskarte.
Sammlung Blazek

Diese große Kaserne wurde ursprünglich für das deutsche XV. Armee-Korps konzipiert, dessen Gefechtsstand 1870 in der elsässischen Hauptstadt eingerichtet wurde. Die Pläne wurden Anfang 1907 realisiert. Sie erscheinen ein paar Jahre später auf einer mit 1912 datierten deutschen Karte und zeigen deutlich, dass die Rue de Solignac bereits geplant war. Perfekt findet sich eingezeichnet, was später die Kaserne Lizé mit ihrem Nord- und dem Südteil werden sollte. Die Kaserne wird von der Rue des Canonniers im Norden und der Rue Louis Braille im Süden begrenzt. Mit einer Gesamtlänge von 763 Metern umfasst die gesamte Kaserne (die beiden Quartiers zusammen) eine Fläche von 13 Hektar mit insgesamt 36 Gebäuden.

Weil die Stadt Straßburg den Raum der ehemaligen deutschen Artillerie-Kaserne für neue Bauvorhaben nutzen wollte, trug sie all die Kosten für den Bau der neuen und imposanten „Feldartillerie-Kaserne" in Höhe von 3.215.834 Reichsmark und blieb natürlich Auftragnehmer. Vom Beginn des 20. Jahrhunderts an sah sich die Gemeinde gezwungen, ein Grundstück von 128.819 Quadratmetern für einen Betrag von 354.252 Reichsmark entlang der Altenheimerstraße in Neuhof anzukaufen, um die Transaktion mit dem königlichen Militärfiskus abzuschließen und dort die Kaserne zu bauen.

Das Grundstück war Grundeigentum von einem gewissen Lipman Meyer aus Berlin gewesen. Vielleicht war dies ein Verwandter von Jacob Meyer (1739-1830), Chefrabbi von Straßburg nach David Sinzheim, hatte in Karlsruhe und Frankfurt am Main studiert und war dann Rabbi in Niederhagenthal und Rixheim.

Seit ihrer Gründung war die Kaserne ausschließlich für zwei deutsche Einheiten bestimmt: für das gesamte 1899 aufgestellte Königlich Preußische 2. Ober-Elsässische Feldartillerie-Regiment Nr. 51, bestehend aus zwei Bataillonen, im Süden und das I. Bataillon des Feldartillerie-Regiments 15 (mit den Batterien 1, 2 und 3) im Norden. Dieses Bataillon wurde 1912 durch das Königlich Preußische Feldartillerie-Regiment Nr. 84 ersetzt (I. Bataillon), dessen Kommandeur am 20. Mai 1913 Oberstleutnant Rudolf Bleidorn (1864-1937), zuletzt General der Artillerie der Reichswehr, wurde.[2]

Der Bau dieser Kaserne erfolgte zwischen 1907 und 1909. Sie tauchte unter dem Namen „Neue Feldartillerie-Kaserne" auf damaligen Stadtplänen auf. Aber es stellte sich bald heraus, dass die Platzverhältnisse für beide Artillerie-Verbände nicht ausreichten, sodass beide in ihren eigenen Verantwortungsbereichen eine Erweiterung nach Westen, auf noch verfügbaren Flächen in Richtung Kanal „Rhein-Tortu", beabsichtigten.

Diese Erweiterungsprojekte datieren von Ende 1913, Anfang 1914. Die Arbeiten wurden schnell abgeschlossen, als schließlich der Erste Weltkrieg ausbrach.

Die Erweiterung nach Süden für das Feldartillerie-Regiment Nr. 51 ist bedeutender, einschließlich eines Gebäudes „Troupes", während jene im Norden für

---

[2] Vgl. Das Königlich Preußische Straßburger Feldartillerie-Regiment Nr. 84 1912-1918 – Nach amtlichen Unterlagen und Berichten von Mitkämpfern herausgegeben von der Offiziersvereinigung des Regiments, Druck und Verlag von Gerhard Stalling, Oldenburg i. O. 1934. Der spätere Generaloberst Ludwig Beck (1880-1944), der sich am versuchten Staatsstreich vom 20. Juli 1944 gegen Adolf Hitler beteiligte, wurde am 12. März 1898 als Fahnenjunker („Avantageur") in das Feldartillerie-Regiment Nr. 15 der preußischen Armee in Straßburg eingezogen. Der Rechtsphilosoph und Staatsrechtler an der Universität Heidelberg Friedrich Darmstaedter (1883-1957) leistete seinen Militärdienst als Einjährig-Freiwilliger von Herbst 1901 bis Herbst 1902 im Feldartillerie-Regiment Nr. 15. 1906 wurde er zum Leutnant der Reserve befördert. Am 27. Januar 1902 wurde das Regiment umbenannt in „Ober-Elsässisches Feldartillerie-Regiment Nr. 15". Siehe auch: Jung, Albert, Premierlieutenant im Feldartillerie-Regiment Nr. 15, kommandiert zur Kriegsakademie, Geschichte des Königlich Preußischen Feldartillerie-Regiments Nr. 15 und seiner Stamm-Batterien, Ernst Siegfried Mittler und Sohn, Berlin 1896.

das Feldartillerie-Regiment Nr. 84 bescheidener war und nur ein Gebäude mit einer Reithalle und einem L-förmigen Pferdestall ausmachte.

Die Erweiterung der Kaserne im Süden, angrenzend an das Regiment Nr. 51, konnte über eine Reiterpassage von der Feldartillerie-Kaserne erreicht werden. Sie wurde schließlich als Rekrutierungsdepot des Hohenzollernschen Fußartillerie-Regiments Nr. 13 aus Ulm genutzt, welches nur einen kurzen Aufenthalt in Straßburg in den Monaten vor dem Ersten Weltkrieg hatte.

Später, nach dem Zweiten Weltkrieg, war dies die Erweiterung des Quartiers Lizé aus dem Rest der Militärfläche, welche an das Ministerium für Nationale Bildung (Ministère de l'Education Nationale) übergeben wurde.

Aber zurück zum 1. Oktober 1909, als die ersten beiden Einheiten der deutschen Artillerie in der „Neuen Feldartillerie-Kaserne" ihre Arbeit aufnahmen. Die Gebäude waren wie folgt aufgeteilt:

* im Norden (das heutige Quartier Lyautey): ein Gebäude beherbergte das I. Bataillon des Ober-Elsässischen Feldartillerie-Regiments Nr. 15, die Offizierspeiseanstalt, und zwei weitere Gebäude waren für Familien der Regimenter 15 und 51 (Familienhaus) vorgesehen.

* im Süden (das heutige Quartier Lizé): Sämtliche Gebäude wurden durch das 2. Ober-Elsässische Feldartillerie-Regiment Nr. 51 unter dem Kommando von Oberstleutnant Siegfried Fabarius (1853-1915) belegt. Fabarius, später Generalmajor und Divisionskommandeur, war am 16. Oktober 1906 Kommandeur des Regiments geworden.[3]

Am nächsten Tag war in der Lokalzeitung sinngemäß zu lesen: „Die Pferde, die Männer in ihren tadellosen Anzügen mit Pickelhaube und Pferdekutschengerät erreichten die neue Kaserne mit großem Pomp, Musik an der Spitze, von ihrer alten Kaserne von Austerlitz am Metzgertor (= Porte des Bouchers), wo sie vorher stationiert waren. Die Straße war dekoriert, Kränze waren auf dem Balkon aufgehängt, Fahnen hingen herunter. Im allgemeinen Jubel erreichten die neuen Mieter stolz die Tore der neuen ‚Artillerie-Kaserne'. Die ganze Presse war vertreten, um über das Ereignis zu berichten, ein Film wird auch für die Nachwelt gefilmt."

Dies ist der Originaltext in den „Straßburger Neuesten Nachrichten", einer lokalen Zeitung, der heutigen „DNA (Dernières Nouvelles d'Alsace)", in ihrer Ausgabe vom Sonnabend, dem 2. Oktober 1909 (Charles W).

Der Einzug der Artillerie-Regimenter Nr. 15 und 51 in ihr neues Heim.

Der gestrige Zug von der alten Artilleriekaserne am Metzgerplatz in das neue Heim an der Altenheimerstraße draußen gestaltete sich für die wackeren Artilleristen zu einem wahren Triumphzug. Wahrlich: Wie schön hats doch der Kanonier ... Als ob der Himmel selbst ein Einsehen und seine Freude an dem schönen

---

[3] Vgl. Pagenstecher, Richard, Stammlisten und Überblick über die Geschichte des 2. Ober-Elsässischen Feldartillerie-Regiments Nr. 51, abgeschlossen mit dem 27. Januar 1913, Druck und Verlag von Gerhard Stalling, Oldenburg i. O. 1913, S. 58 f.

militärischen Schauspiel gehabt hätte, das sich da unten entwickeln sollte, hatte er mit den Grundsätzen gebrochen, die er in diesem Jahr so folgerichtig ange-wandt hat, um den herrlichsten Sonnenschein zu schicken, einen Sonnenschein, wie wir ihn in diesen traurigen Herbsttagen wohl noch gar nicht zu Gesicht be-kommen haben. Unter seinen Strahlen gleißten die Spitzen der Helme, die dann in ihrer Gesamtheit leuchtende Blitze als Gegengruß entsandten. Von einer ge-waltigen Menschenmenge begleitet gings los. Muß i denn, muß i denn zum Städ-le hinaus ... Die Kapelle an der Spitze setzt mit einer fröhlichen Weise ein, als wollte sie den braven Kanonieren, die stramm und ihrer Würde bewußt, auf ho-hem Roß oder auf dem ihrer Obhut anvertrauten Geschoß thronten, das schwere Herz etwas erleichtern. Diese Aufgabe wurde aber noch weit besser von den Neudörflern gelöst durch deren wahrhaft prächtigen Empfang, den sie der neu-en Garnison bereiteten. Die Häuser hatten reichen Fahnenschmuck angelegt, an manchen Stellen waren Girlanden von Haus zu Haus gezogen. Ein besonders ansprechendes Bild bot der kleine Platz an der Säule. Und dann die Bewohner selbst. Kein Fenster, das nicht belagert gewesen wäre wie beim Einzug eines Fürsten. Die Bürgersteige zu beiden Seiten der Polygonstraße besetzt von hun-dert und aberhundert Menschen, die den beiden Regimentern ihr Willkomm dar-tun wollten. Das „Artilleristenfieber" hat aber anscheinend (mit Verlaub zu sa-gen) besonders bei der Röcke tragenden Welt um sich gegriffen. Und so geht denn der Zug weiter und weiter; unter dem Eisenbahnviadukt hindurch, wo die Erdarbeiten noch nicht fertig sind und wo es bei der geringen Straßenbreite bei-nahe zu einer Störung gekommen wäre.

Jetzt sind wir vor dem Haupttore angekommen und treten in den geräumigen Hof ein, wo wir die Leiter des Baues beisammen finden. Nachdem sämtliche Batterien in langerzeile ihren Einzug gehalten, versammelt der Kommandeur, Oberstleutnant Fabarius, die Offiziere seines Regiments um sich und trat auf die in leitender Stellung beim Bau beschäftigten Herren zu. In einer kurzen, kerni-gen Rede sprach er ihnen den Dank seines Regimentes für das schöne Heim, das sie ihm erbaut hätten, aus und nahm die Erwiderung, zu welcher einer der Her-ren das Wort ergriff, entgegen. Dann gegenseitige Verbeugungen, herzliches Händeschütteln – und die Zeremonie war beendet, das Regiment hatte Besitz von der neuen Kaserne ergriffen, deren Aussehen und Entwicklung wir unseren Lesern ja ausführlich beschrieben haben, so daß wir nichts hinzuzufügen brau-chen. Zahlreiche Photographen, die zur Stelle waren, sorgen dafür, daß dieses für Neudorf so wichtige Ereignis im Bilde festgehalten wird. Auch eine kine-matographische Aufnahme wurde hergestellt. Nach diesem so überaus herzli-chen Empfang kann kein Zweifel mehr bestehen, daß sich das Verhältnis der Be-völkerung zu den beiden Regimentern auf das schönste gestalten wird.

„Am 1. Oktober 1909 haben das 2. Oberelsässische Feldartillerie-Regiment Nr. 51 und die 1. Abteilung des 1. Oberelsässischen Feldartillerie-Regiments Nr. 15 die alte Kaserne am Metzgertor geräumt und die neue, von der Stadt Straßburg erbaute Kaserne an der Altenheimer Straße bezogen", schrieb das „Zentralblatt der Bauverwaltung" einleitend am 2. September 1910 in einem reich bebilderten Beitrag über die Neubauten südlich von Straßburg.

Im Jahre 1909 war der Bereich um die neue Kaserne herum noch relativ leer, und erst ab der Eisenbahnbrücke „Kibitzenau" begann der Stadtteil Neudorf in Richtung der Stadt Straßburg. So kann sich jeder das Panorama vorstellen, das sich dem Wanderer bot, wenn er die „Neue Feldartillerie-Kaserne" verließ. Das Terrain des Polygons erstreckte sich in alle Richtungen. Leicht nach links befand sich relativ isoliert der Friedhof, und ein wenig weiter auf der rechten Seite befand sich die Mauer der *ferme du* (des Bauernhofes von) *Marschallhof*, wo sich einst die Erziehungs- und Besserungsanstalt befunden hatte. Mit Ausnahme dieser wenigen alten, in der Landschaft verstreuten Gebäude und einigen Feldern und beliebten Gärten gab es sonst keine anderen Bebauungen.

Die alte Reithalle am Ende der Rue de Solignac, zwischen 1907 und 1909 erbaut, befindet sich noch heute an ihrem angestammten Platz. Ihren Zweck erfüllt sie längst nicht mehr, und der Straßburger Stadtrat hat, wie die „Dernières Nouvelles d'Alsace" am 8. Dezember 2011 berichteten, eine Umwidmung zu einem Veranstaltungszentrum sowie einer islamischen Begegnungsstätte beschlossen.

Andenken an meine Dienstzeit. Feld-Artillerie Regiment Nr. 15 (1. Ober-Elsässisches) im Jahr 1910. Links steht der Unteroffizier Mey mit einem Stab zum Nachmunitionieren der Kanone, vor ihm sitzt der Trompeter Fuhrmann mit den typischen Schwalbennestern am Oberarm. Paranoid_Womb Flickr Collection

Seit seiner Erbauung im Jahre 1909 wurde der Haupteingang zur Kaserne des deutschen Feldartillerie-Regiments Nr. 51 von zwei massiven Sockeln, auf denen zwei Feldkanonen C 73 (Flachbahngeschütze mit einem Kaliber von 8,8 Zentimetern) präsentiert wurden. Nach Zeugenaussagen verschwanden diese Waffen während des Zweiten Weltkrieges (1939-1945).

dem Straßen- und Flußbauamte Bamberg, Karl Kesselring von dem Straßen- und Flußbauamte Ingolstadt in Nürnberg, Karl Konrad von der Sektion für Wildbachverbauung Kempten in Kempten, Theodor Meißner von der K. Obersten Baubehörde in Traunstein, Hans Keller von der K. Regierung der Pfalz in Deggendorf, bei der Sektion für Wildbachverbauung der Regierungsbaumeister Otto Ertl von dem Straßen- und Flußbauamte Bamberg in Rosenheim, bei den Landbauämtern die Regierungsbaumeister Karl Oberländer von dem Landbauamte Weilheim in Passau und August Metzger von dem Landbauamte Rosenheim in Rosenheim sowie zu Bauamtsassessoren außer dem Stande die Regierungsbaumeister Karl v. Moro, verwendet bei der Rheinregulierung, Sebastian Gillitzer und Eduard Betzer, verwendet bei dem Kaiser-Wilhelm-Kanal, ferner zu Bauamtsassessoren und Vorständen der Kulturbauämter die funktionierenden Bezirkskulturingenieure und Leiter der Kulturbauämter Georg Samhammer von Bayreuth in Bayreuth, Ludwig Lutz von Regensburg in Regensburg, Joseph Prötzel von Schweinfurt in Schweinfurt, Karl Obermüller von Deggendorf in Deggendorf, August Weinmayr von Würzburg in Würzburg, Julius Müller von Kempten in Kempten und Adalbert Wiesner von Weiden in Weiden.

Sachsen.

Seine Majestät der König haben Allergnädigst geruht, dem Stadtbaumeister Geißler in Dresden das Ritterkreuz II. Klasse des Albrechts-Ordens zu verleihen.

Dem Stadtbaurat Erlwein in Dresden ist der Titel Professor verliehen worden.

Baden.

Seine Königliche Hoheit der Großherzog haben Sich Gnädigst bewogen gefunden, dem Bauinspektor der orientalischen Eisenbahnen Friedrich Hafner in Salonik die untertänigst nachgesuchte Erlaubnis zur Annahme und zum Tragen des ihm verliehenen Königlich serbischen St. Sava-Ordens III. Klasse zu erteilen und dem ersten Assistenten am chemischen Institut der Technischen Hochschule in Karlsruhe und außerordentlichen Professor Dr. Hermann Staudinger die etatmäßige Amtsstelle eines außerordentlichen Professors für Chemie an der Technischen Hochschule zu übertragen.

Der Regierungsbaumeister Wilhelm Gräff in Lörrach ist zur Rheinbauinspektion Freiburg versetzt worden.

Zu Regierungsbaumeistern sind ernannt: die Baupraktikanten Rudolf Amann und Anton Gehrig bei der Bezirksbauinspektion Lörrach, Otto Gutting bei der Bauleitung für den Neubau der Heil- und Pflegeanstalt bei Wiesloch, Richard Maier bei dem Ministerium des Innern, Siegmund Stiefel bei der Bezirksbauinspektion Baden und Gisbert v. Teuffel bei der Generaldirektion der Staatseisenbahnen.

Schwarzburg-Rudolstadt.

Seine Durchlaucht der Fürst haben Gnädigst geruht, dem Vortragenden Rat beim Fürstlichen Ministerium Baurat Ernst Möhrenschlager in Rudolstadt den Titel Regierungs- und Baurat zu verleihen.

Nichtamtlicher Teil.

Schriftleiter: Otto Sarrazin und Friedrich Schultze.

Die neue Feldartillerie-Kaserne in Straßburg i. E.

Am 1. Oktober 1909 haben das 2. Oberelsässische Feldartillerie-Regiment Nr. 51 und die 1. Abteilung des 1. Oberelsässischen Feldartillerie-Regiments Nr. 15 die alte Kaserne am Metzgertor und die neue, von der Stadt Straßburg erbaute Kaserne an der Altenheimer Straße bezogen.

Durch Napoleon III. hat das „Quartier d'Austerlitz" — so hieß die alte Kaserne zu französischer Zeit — ein Blatt in der Geschichte Straßburgs gefunden. Es war am 30. Oktober 1836, als sich der damals 28jährige Prinz Ludwig Bonaparte auf dem Hofe der Kaserne vom 4. Artillerie-Regiment, mit dessen Offizieren er sich im Einverständnis befand, zum Kaiser ausrufen ließ. Die Offiziere geleiteten ihn hierauf nach dem Flakmattkaserne, wo der dortige Oberkommandierende den Prätendenten und dessen Begleiter verhaften ließ. 15 Jahre später veranstalteten Straßburger Bürger auf die Nachricht vom Staatsstreiche Napoleons vor der Kaserne eine Protestkundgebung, welche jedoch auseinandergesprengt wurde. Wie die übrigen Kasernenbauten des 18. Jahrhunderts, von denen nur noch die Nikolauskaserne erhalten ist, wurde auch die Kaserne am Metzgertor mit städtischen Kosten errichtet. Im Äußeren zeigte sie die dem früheren französischen Kasernenbau eigentümliche, einfach sachliche Haltung, wie sie im Elsaß noch an einer großen Anzahl ähnlicher Anlagen aus französischer Zeit zu beobachten ist. Die wirkungsvolle Baugruppe der Mannschaftsgebäude hat im Verein mit der schönen Einfriedigung dem Metzgerplatz sein Gepräge verliehen und schien unzertrennlich mit dem Boden der Altstadt verwachsen zu sein.

Mit der Kaiserlichen Genehmigung zur Niederlegung der südlichen Umwallung war für die Stadt endlich die Möglichkeit geboten, für die ständig wachsende Vorstadt Neudorf mit ihren umfangreichen gewerblichen Anlagen am städtischen Hafen-

gebiet eine dem Verkehrsbedürfnis entsprechende Straßenverbindung mit der Stadt herzustellen. Ein zweckmäßiger Ausbau der für den Anschluß Neudorfs an das Stadtinnere erforderlichen Straßenzüge war aber nur möglich durch die Niederlegung der Artillerie-Kaserne am Metzgertor, die bei ihrer großen Ausdehnung bisher auch ein Hindernis für die Entwicklung des vielfach durchschnittenen städtischen Kreuznau gebildet hatte. Von mehreren durch die Stadt für den Kasernenbau in Vorschlag gebrachten Bauplätzen entschied sich die Militärverwaltung für das Gelände an der Altenheimer Straße, der Verbindungstraße zwischen Neudorf und Neuhof, gegenüber dem Polygon. Die Ersatzkaserne ist auf Kosten der Stadt errichtet und dem Fiskus vermietet. Das für die Stadt für den Neubau erworbene Gelände hat bei einer Straßenfront von 764 m einen Gesamtflächeninhalt von rd. 13 ha. Die kleinere nördliche Hälfte des Grundstücks wurde der ersten Abteilung des Regiments 15, der Offizierspeiseanstalt und dem größeren

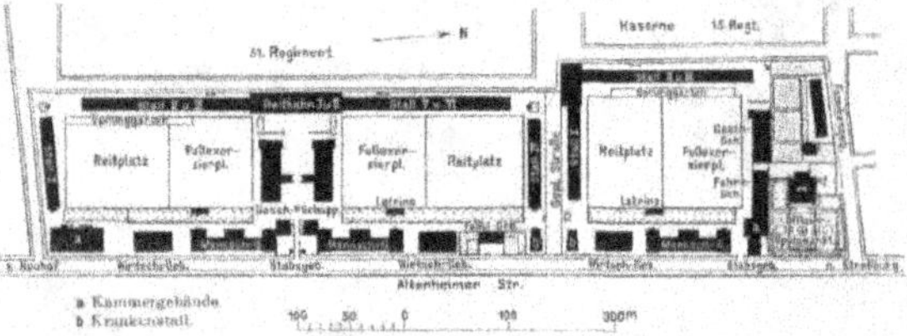

Abb. 1. Lageplan.

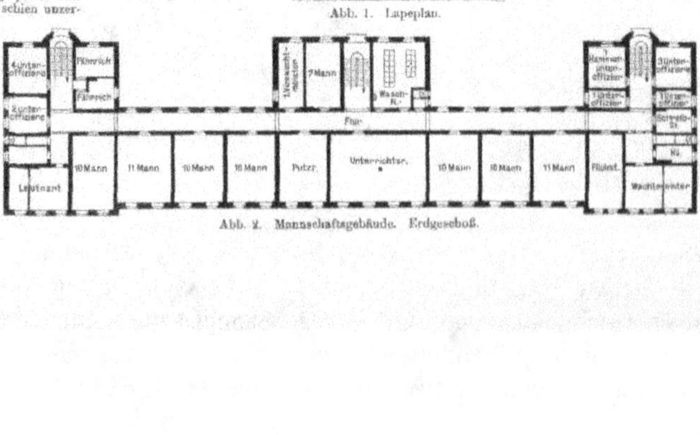

Abb. 2. Mannschaftsgebäude. Erdgeschoß.

Abb. 3. Stabsgebäude des Regiments Nr. 51 und Haupteingang.

Abb. 4. Blick in den Hof vor dem Stabsgebäude des Regiments Nr. 51.

Familiengebäude nebst Inspektorwohnhaus, die größere südliche Hälfte den beiden Abteilungen des Regiments 51 zugeteilt. Zwischen den beiden Kasernen ist eine 14 m breite Straße vorgesehen, deren endgültiger Ausbau erst bei einer späteren Entwicklung eines Stadtteils westlich der Kaserne in Frage kommen wird. Das Straßengebäude wurde vorläufig dem Gelände des Regiments 51 zugeschlagen. Die gesamte Anlage umfaßt 36 Gebäude, deren Anordnung so getroffen ist, daß jede der Abteilungen einen für sich geschlossenen Bezirk bildet. Die einzelnen Gebäude wurden nach Möglichkeit in zusammenhängenden Baugruppen vereinigt, ein Vorgehen, daß der baukünstlerischen Wirkung der Anlage in hohem Grade diente,

ohne dabei einer vorteilhaften Bewirtschaftung durch die Truppe Abbruch zu tun (Abb. 1).

Die Kaserne für die erste Abteilung des Regiments 15 gestattete eine freie Plananlage. Diejenige für die zwei gleichgroßen Abteilungen des Regiments 51 legte von selbst eine symmetrische Anlage nahe. Die hieraus sich ergebenden Vorzüge ästhetischer Art sind mit Erfolg ausgenutzt worden. In der Achse liegt das Stabsgebäude, zur Rechten und zur Linken je ein Mannschaftsgebäude (Abb. 4 u. 5). Hier wurde der Haupteingang (Abb. 3) angeordnet, dessen breites Tor durch zwei Torhäuschen betont wird. Auf ihnen stehen zwei schwere Feldkanonen C 73, die das Regiment mit anerkennenswerten

Abb. 5. Stabsgebäude des Regiments Nr. 51. Obergeschoß.

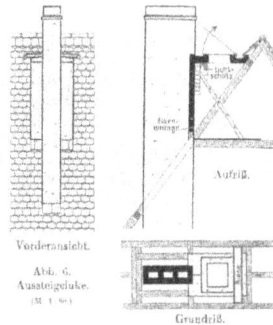

Vorderansicht.

Aufriß.

Grundriß.

Abb. 6.
Ansteigebude.
(M. 1 : 80.)

45

Verständnis für den Vorschlag des Stadtbauamts aus den verfügbaren Beständen des Artilleriedepots käuflich erwarb. Der Blick des Beschauers durch die Torfahrt des Stabsgebäudes (Abb. 10) wird durch die ruhigen Baumassen der Doppelreitbahn begrenzt, deren Mitte durch einen zierlichen Giebel ausgezeichnet wurde.

Abb. 7.　Nördlicher Flügelbau des Mannschaftsgebäudes des Regiments Nr. 15.

Abb. 8.　Flur eines Mannschaftsgebäudes.

Rechts und links des Hofes zwischen Stabsgebäude und Reitbahn stehen die Geschütz- und Geräteschuppen und mit diesen in Verbindung die Waffenmeisterwerkstätten.

Das Regiment stiftete seinen im südwestafrikanischen Feldzuge gefallenen und gestorbenen Kameraden ein Denkmal und beauftragte das Baubureau mit der Aufgabe des Entwurfs und der Ausführung. In Form einer 5 m hohen, farbig behandelten Sandsteinsäule mit Inschrift hat das Denkmal im Mittelpunkte der Kaserne Aufstellung gefunden (Abb. 10). Nördlich und südlich dieser Mittelgruppe schließen sich die Fußexerzier- und Reitplätze an, die gegen die Straße durch die Mannschafts-, Wirtschafts-, Kammer- und kleineren Familiengebäude und im übrigen durch die Batteriestalle begrenzt werden. In der Nordostecke der Kaserne wurde der Krankenstall angeordnet.

Die Kaserne der ersten Abteilung des Regiments 15 ist in ähnlicher Weise um den Exerzier- und Reitplatz gruppiert. Der Haupteingang liegt zwischen Stabs- und Mannschaftsgebäude. Ersteres ist zur Unterbrechung der langen Einfriedigung mit seinem reicher gestalteten Giebel in die Straßenflucht gerückt. Die Pfeiler des Haupt-

Abb. 9.　Hofseite eines Mannschaftsgebäudes.
Rechts ein Geschützschuppen und das Stabsgebäude des Regiments Nr. 51.

eingangs schmücken Sinnbilder der Artilleriewaffen. Einen wirkungsvollen Abschluß des Hofes bildet die Reitbahn in der Südwestecke. Nördlich der Kaserne stehen als besondere Baugruppen das größere Familiengebäude nebst dem freistehenden Inspektorwohnhaus sowie die Offizierspeiseanstalt.

Was die Formenausbildung im allgemeinen betrifft, so ist zu bemerken, daß bei den beschränkten Mitteln größte Sparsamkeit geboten war. Bescheidenen künstlerischen Aufwand erhielten nur die Eingänge der Stabs- und Mannschaftsgebäude sowie einzelne Teile der Offizierspeiseanstalt. Alle Fenster- und Türumrahmungen sowie die Dachgaupen sind aus Vogesensandstein hergestellt, alle Wandflächen erhielten den einfachen und billigen, mit Kalkmilch angestrichenen Kellenputz, die Dächer, mit Ausnahme der Geschütz-schuppen, wurden größtenteils mit dem ortsüblichen Handstrichziegel eingedeckt, der der Altstadt Straßburgs sein eigenartiges Gepräge verleiht. Leider konnte der ganze Bedarf durch Handstrichziegel nicht gedeckt werden. Für die Dächer einiger Gebäude mußten Maschinenziegel Verwendung finden, und es läßt sich nicht sagen, in jedem Mannschaftsgebäude drei Batteriekammern untergebracht. Den Verkehr vermitteln drei ausreichend bemessene Treppen. Die Decken sind aus Eisenbeton und haben als Fußboden in den Stuben eichenen Stabfußboden in Asphalt, in den Fluren Steinzeugplatten. Letztere wurden auch auf den aus Eisenbeton hergestellten Treppen verlegt. Die Stubentüren haben Hausteinumrahmungen. Die Bänder, Schlösser und Fensterverschlüsse sind nach Zeichnung angefertigt. Für Wände und Türen sind haltbare Farben in solchen Tönen gewählt worden, daß nicht jede Berührung durch Kanonierhände sichtbare Spuren hinterläßt. Bei der angewandten Ofenheizung ergab sich bei der großen Anzahl Stuben eine stattliche Reihe von Kaminen. Da diese nach Vorschrift bei fiskalischen Bauten nur über Dach gereinigt werden dürfen und Laufdielen mit dem ebenfalls vorgeschriebenen eisernen Geländer oder gar aufgelegte eiserne Leitern, von der Gefahr für den Schornsteinfeger abgesehen, dem Dach sicher

Abb. 10. Mittelteil des Stabsgebäudes
mit Durchblick auf den Denkstein und die Reitbahnen.

Abb. 11. Stabsgebäude des Regiments Nr. 51.
Hofseite.

daß diese Dächer sich von den mit Handstrichsteinen gedeckten vorteilhaft abheben. Im übrigen war die Bauleitung bemüht, den neuzeitlichen Bestrebungen bodenständiger Bauweise in vollstem Umfange gerecht zu werden.

Zur Erläuterung der einzelnen Gebäude mögen die folgenden Angaben dienen.

Die Mannschaftsgebäude (Abb. 2, 6, 7 bis 9) sind jeweils für eine Abteilung angelegt, ganz unterkellert und dreigeschossig. Jedes Geschoß ist das Revier einer Batterie und enthält neben den für durchschnittlich 60 Mann berechneten Mannschaftsstuben mehrere Zimmer für die Unteroffiziere und Vizewachtmeister, einen gemeinschaftlichen Waschraum mit 24 weißen Waschbecken aus Feuerton, eine gemeinschaftliche Flickstube und Putzraum, außerdem in den seitlichen Flügelbauten eine abgeschlossene Wohnung für den etatmäßigen Wachtmeister und eine Wohnung für einen Offizier. In den Dachaufbauten sind

nicht zur Zierde gereicht hätten, wurde hinter jedem Kamin eine Ausstiegsluke (Abb. 6) aufgemauert, die ihren Zweck leicht erkennen läßt. Innerhalb des Daches sind diese Ausstiegsluken durch Laufdielen verbunden oder auf Leitern vom Dachboden aus zu erreichen.

Die Stabsgebäude (Abb. 5, 10 u. 11) enthalten die Geschäftszimmer für Regiment und Abteilungen, die Wache mit Arrestzellen, für jede Abteilung eine Revierkrankenstube nebst Untersuchungszimmer. Auf dem Stabsgebäude des Regiments 51 ist seiner zentralen Lage entsprechend ein Dachreiter mit Uhr und Schlagwerk errichtet. Durch eine elektrische Batterie mit Kabelverbindung werden von diesem Uhrwerk aus die Zeigerwerke auf drei Stellen minutenweise ausgelöst. Die bauliche Ausstattung ist im übrigen der der Mannschaftsgebäude entsprechend.   (Schluß folgt.)

Die Baukunst auf der diesjährigen Großen Kunstausstellung in Berlin.

Das Bild der diesjährigen Ausstellung entspricht im Umfang annähernd dem der beiden letzten Jahre. Der Katalog führt etwa 95 Nummern mit 48 Ausstellern auf. Den Architekten ist, abgesehen von der im Saal 13 untergebrachten Sonderausstellung der Architekten Jürgensen u. Bachmann, wiederum der abgelegene dorische Doppelsaal zur Verfügung gestellt. Wenn trotzdem sein Besuch lebhaft ist, so beweist das, daß das große Publikum unseren Bauaufgaben schon gereifter gegenübersteht als früher. Auch in die Grundrisse vertieft man sich, wenn, wenn sie in Verbindung mit Modellen ausgestellt sind. Das hat ja die jüngste Städtebauausstellung in Berlin bewiesen. Man suchte hier in die schwierigen Aufgaben einzudringen, auch wenn sie nicht durch anziehende Bilder veranschaulicht waren. Sollte das für unsere Architekturausstellungen nicht zu denken geben? Vielleicht ist es an der Zeit, zu brechen mit der alten hergebrachten Ausstellungsweise, die meistens „Bilder" zeigt im Wettbewerb mit denen der Gemäldeausstellung. Dieser Wettbewerb könnte u. E. allmählich einer sachlichen Ausstellungsweise Platz machen, ähnlich, wie es die so erfolgreiche Städtebau-

ausstellung in mustergültiger Weise gezeigt hat. Auch könnte man die Architekturausstellung dann in eine wirkliche Baukunstausstellung erweitern, bei der tunlichst alle Fachrichtungen zu berücksichtigen wären. Hier würde vor allen Dingen die großen wirtschaftlichen baulichen Aufgaben der Gegenwart und die ingenieurkünstlerischen mit zu berücksichtigen sein. Es würde genügen, wenn derartige Ausstellungen, deren Vorbereitung mehr Zeit erfordert als das Sammeln einzelner vorhandener Darstellungen, in Abständen von zwei bis drei Jahren veranstaltet würden und wenn vor allem Behörden und Städte sich lebhafter daran beteiligten und das Vorhaben geldlich unterstützten. Auch würde es nicht zum Schaden von Terrain- und Baugesellschaften sein, wenn sie ihre Pläne der öffentlichen Kritik zugänglich machten. Zur weiteren Hebung des Ansehens der technischen Fächer würde derartige sachlich gestaltete Baukunstausstellungen mehr beitragen können als die bislang üblichen, die im Ausstellungsgebäude am Lehrter Bahnhof doch nur ein kümmerliches Anhängsel an die Vorführungen der Schwesterkünste darstellen.

Die steinernen Kontureinfassungen der Gebäude in dem Quartier wurden von Sandsteinwänden der Vogesen genommen, jenem Sandstein, der noch heute für Fensterrahmen und Türen verwendet wird.

Das Weiß der Fassaden und die rot-orange Farbe der Dächer mit den traditionellen Ziegeln waren die dominierenden Farben der Kaserne, die ursprünglich durch ein großes Rundbogenportal betreten wurde. Über dem Eingang befindet sich noch heute der quadratische Glockenturm mit einer elektrischen Uhr, dem einzigen dekorativen Element des gesamten Bereichs.

Der Architekt hatte offensichtlich die Absicht, Fenster, Türen und Wände mit Reliefs zu dekorieren, die an die Artillerie erinnern sollen (Kugel, Granate und Munition), vermutlich um zukünftigen Eigentümern oder Mietern gegenüber die Zugehörigkeit zu Waffengattungen zu akzentuieren. Eine große Zahl von diesen Ornamenten ist heute verschwunden. Bei der genauen Betrachtung des einen oder anderen Gebäudes können am Dach oder im Bereich der Türstürze einige Relikte aus der Vergangenheit (Blick vor allem vom Sanitätsbereich aus) erkannt werden.

Die größten Gebäude auf beiden Seiten des damaligen Eingangs in die Kaserne (jetzt 002 und 022) wurden gebaut, um die Truppe unterzubringen: ein Gebäude je Bataillon, eine Etage je Kompanie und ein Zimmer für zehn Soldaten). In der Nähe befanden sich die Zimmer der Unteroffiziere und des Wachpersonals, ein Hygienebereich mit 24 Waschbecken und ein Zimmer für Reinigung und Wartung der Ausrüstung. Was das für den Regimentsstab zugedachte Gebäude betrifft (unter dem Glockenturm des Eingangs), gab es Dienstzimmer für Regiment und Bataillon sowie Räume der Wache mit Schließzellen zur Inhaftierung. Zu jedem Bataillon gehörten eine Krankenstation und ein Sanitätszentrum, die Wohnung des Mediziners und Fortbildungsräume.

Nach den Plänen des Architekten können die Zahlen des Feldartillerie-Regiments Nr. 51 wie folgt geschätzt werden: etwa 1000 Mann (Offiziere, Unteroffiziere und Mannschaften), 468 Pferde und etwa hundert von Pferden gezogene Fahrzeuge. Dies war abhängig von der aktuellen Lage, in der sich das Regiment jeweils befand; 15 Tage später konnten diese Zahlen bereits halbiert gewesen sein.

Darüber hinaus gab es je Quartier eine Manege, einen Pferdeparcours, einen Schmied, viele inbegriffene Trupps für Versorgung beziehungsweise Instandsetzung und einen Krankenstall, wo leidende Pferde untergebracht wurden. Heute sind die Manegen umgewandelt in eine Turnhalle. Der Pferdeparcours und die Werkstätten der Schmiede sind verschwunden. Die Ställe, in denen stellenweise noch Tröge gesehen werden können, sind jetzt Garagen und Lagerhallen, und der letzte Krankenstall, sicherlich zuletzt andersartig genutzt, war zuletzt noch im Bereich der der Nordostecke des Quartiers Lizé vorhanden.

Man kann sich denken, dass sich die deutsche militärische Disziplin, die in der Kaserne an den Tag gelegt worden ist, die Zeit überdauert hat. Allerdings, wenn Dienstschluss befohlen wurde, gingen die Feldartilleristen in ihrer Freizeit in ihrer Uniform aus der Kaserne, um sich bei einem Bier in einer der zahlreichen lokalen Bierbrauereien zu treffen, die sich in großer Zahl an der Route d'Altenheim oder der Rue du Polygone mit Hinweisen, wie „Zum Exerzier-platz" (Au Terrain d'Exercices oder Lange Schmittel, dessen Besitzer, Herr Schmitt, von großer Statur war), „Zur Laffette" oder „Le Coq Hardi", wie die 1900 gebaute und 2006 abgerissene Gaststätte später hieß, „Zum Polygon", „Zur Kanone", „Zum goldenen Kreuz" etc., befanden. Viele Geschäfte haben aus dem Geldsegen profitiert und ihre Aktivitäten rund um die Präsenz der deutschen Soldaten konzentriert. Es gab einen Friseur und einen Barbier, eine Boutique mit militärischen Artikeln, einen Hutmacher, einen Tabakladen, eine Näherin und so weiter. Seltsamerweise besuchten die Soldaten mehr Brauereien an der Straße in Richtung Neudorf und der Stadt als jene (rechts ab) in Richtung Neuhof.

Strasbourg-Neuhof – Quartier Lizé. Undatierte Ansichtskarte.
Digitale Sammlung Blazek

8ème Régiment de Hussards (8. Husaren-Regiment zu Straßburg)

In der Zeit nach dem Ersten Weltkrieg (1914-1918) wurde diese imposante „Neue Feldartillerie-Kaserne", nunmehr französische Liegenschaft und noch immer im Besitz der Stadt, an das Kriegsministerium übertragen. Sie war wei-terhin namenlos und wurde nun zu Ehren des in Italien getöteten französischen Generals Lucien Lizé (1864-1918) getauft. Die Unterhändler des Vertrags von Versailles zeigten sich zufrieden, die Gesamtheit der militärischen Fläche in der Form zurückzubekommen, wie sie von dem Architekten entworfen worden war, ohne je daran gedacht zu haben, sich einmal von ihr trennen zu müssen. Nun musste noch bis zum Weggang der benachbarten Flieger im Jahre 1933 gewartet werden, ehe die Gelegenheit dazu genutzt werden konnte. Die Kaserne eröffnete im nördlichen Teil seine Tore, im Parc d'Aviation n° 2, das heißt, den gesamten technischen Bereich des 2° RAC. Der Gefechtsstand selbst befand sich in der Kaserne Guynemer. Den südlichen Teil belegte das 8ème Régiment de Hussards (8° RH), und der Begriff „Kaserne" wich zugunsten des noch heute gebräuchli-chen Wortes „Quartier".

Im gegenwärtigen Bataillon de Quartier Général (BQG) wurde eine Marmor-platte gefunden, die ihren Platz in Höhe des Eingangs zum Quartier zurückerhal-ten hat. Sie trägt die folgende eingravierte Inschrift: „Au retour de la grande guerre, le 8ème Régiment de Hussards occupa ce quartier de 1919 à 1929." (Nach der Rückkehr aus dem Ersten Weltkrieg belegte das 8. Husaren-Regiment dieses Quartier von 1919 bis 1929.)

Die Geschichte dieser Platte kann wie folgt zurückverfolgt werden: 1987, als das 5ème Régiment du Matériel unter der Führung von Lieutenant-colonel Jean-Pierre Elias das Quartier bezogen hat, fand, wie in der Zeitung zu lesen war, eine Zeremonie unter der Präsidentschaft von Général (2s) Graf Henri Liger-Belair (1928-2015), Kommandeurs der Französischen Ehrenlegion und Großoffiziers des Ordre national du Mérite, statt, in deren Zuge die Erinnerungstafel für zukünftige Generationen enthüllt wurde. Diese Platte endete später am Fuß eines französischen Spähpanzers EBR-75 (Engin Blindé de Reconnaissance), welchen das Régiment du matériel am Eingang zum Quartier als beblümten Dekorationsplatz abgestellt hatte.

Zu Beginn der Umbauarbeiten, die dazu dienten, 1993 das Eurokorps aufzunehmen, wurde diese Platte wieder hervorgeholt und in die Kaserne gebracht, wo sie in den späten 1990er Jahren wieder entdeckt wurde. Im März 2004 wurde sie schließlich links außen an der Veranda am Eingang des Quartiers angebracht.

Strasbourg – Quartier Lizé. Ansichtskarte um das Jahr 1920.
Digitale Sammlung Blazek

Als das 8ème Régiment de Hussards noch im Quartier Lizé stationiert war, befand sich unmittelbar neben dem Eingangsportal eine kleine Fläche, auf welchem die Deutschen ein Denkmal zur Erinnerung an die in Afrika gefallenen deutschen Soldaten errichtet hatten. Die Husaren machten sich schnell daran, diesen kleinen Platz in „cour du capitaine Vonderheyden" (Hof des Hauptmanns Vonderheyden) umzubenennen. Dieser Ort schloss damals die innere Fassade des Eingangs (Gebäude 001 neben der Veranda), die Fortsetzung der beiden Flügel auf jeder Seite des Gebäudes im Westen und die gegenüber befindlichen Remisen (Gebäude 010 und 013) ein, wobei letztere durch eine hohe Wand verbunden waren. Was die Remisen im Seitenbereich anbelangt, die sich in der Nähe im Norden und Süden befanden, wo früher die angekoppelten Pferdekutschen abgestellt wurden, diese wurden abgebaut.

Der Lieutenant F. La Ruelle, Offizier im 8. Husaren-Regiment von 1921 bis zu dessen Auflösung im Jahre 1929, notierte in seinem Tagebuch:

*(...) Als ich als junger Leutnant im Juni 1921 eintraf (...) war ich ein wenig ver-
blüfft und dachte bei Straßburg an ein Leben in einer Garnison (...) ich fand
stattdessen ein Regiment auf Kriegsfuß unter dem Befehl eines außergewöhn-
lichen Obristen, Roger Altmayer.*

*(...) Im Verlaufe einer bestimmten Übung hatte man alles erwartet, selbst das
Zusammenrotten vermeintlich bewaffneter Zivilisten mit Stöcken (...)*

*Neben dieser taktischen Übung seines Regiments war Colonel Altmayer Sekre-
tär der Kommission für die Neuformierung der Kavallerie. Die 8ème Hussards
wandten unter seiner Leitung im Bereich (testweise) alle vorgeschlagenen Inno-
vationen in der gesamten Arbeitswoche an. Die große Innovation war unorgani-
siert. Um sicher zu sein, dass jeder Chef auf allen Ebenen an seinem Platz war
und alle sah, trugen die Offiziere und Unteroffiziere Käppi, die Brigadiers Kap-
pe und die Soldaten der 1ère und 2ème classe Helme (...)*

*Das 8. Husaren-Regiment war eine mit dem Infanterie-Regiment Nr. 170 von
Kehl gemischte Brigade, sie stand unter dem Kommando des Generals, der den
Brückenkopf in Kehl befehligte.*

*Die 8ème Hussards wurden aus Platzgründen im Quartier Lizé (Süd) in Kehl, 5
km von der Brücke über den Rhein, einquartiert.*

Strasbourg – Quartier Lizé im Jahr 1923.
gallica.bnf.fr/Bibliothèque nationale et universitaire de Strasbourg

*Man hatte ihm (ihnen) abverlangt, in der Lage zu sein, sich in Kehl binnen einer
Stunde bewaffnet und mit Gepäck sowohl am Tage wie auch in der Nacht zu
sammeln. Um dies zu gewährleisten, wurde die Mobilmachung des Regiments
auf die Zugebene dezentralisiert. Jeder Zug hatte sein Mobilmachungs-Magazin,
wo jeder Husar seine persönliche Ausstattung empfing (neue Pferdedecke, Vor-
räte, Munitionen je nach Waffe, Grenadiere und so weiter).*

51

40 Minuten nach dem Alarm (Refrain des Regiments und Klingeln im Galopp) stürzte das Regiment im Galopp unter dem Befehl des ältesten anwesenden Offiziers. Die in der Stadt lebenden Offiziere kamen direkt zu Pferde nach Kehl geritten, die von den Ordonnanzen nach Hause zurückgebracht wurden. Die allein lebenden Offiziere und das waren viele, durften nicht weiter als einen Kilometer vom Quartier entfernt wohnen, und die Runde der Leutnants sollte in einem Café gegenüber des Quartiers sein. Es ist unnötig etwas zu sagen zu dem Druck, dem alle unterlagen, aber es wurde mit einem Lächeln getan (...)

Im Jahr 1929 führte eine Reorganisation der Armee zur Auflösung des 8. Husarenregiments. Dazu gehörten aktuell 353 Männer und 642 Pferde.

Lizé 1929-1945

Allgemein ist zu beklagen, dass das Schicksal des Quartier Lizé nach dem Vertrag von Versailles nicht einwandfrei begleitet worden ist. Die Einheiten hatten stark unter dem Krieg gelitten und wurden nun langsam neu zusammengesetzt. Man fühlte auch, dass es dringendere Angelegenheiten gab, als mit Kartons voller Archivmaterial umzugehen.

Nach der Auflösung der 8ème Hussards im Jahre 1929 belegte das 1. Bataillon der Leichten Infanterie (von Wissembourg, wie es scheint) die Kaserne. Es war ein Durcheinander, es gibt Hinweise in Quellen, dass gleichzeitig das Artillerie-Regiment Nr. 157 im Jahre 1919, sowie das 8ème Hussards, das 12. Feldartillerie-Regiment (12° RAC) und Teileinheiten des 155. Régiments d'Artillerie à Pied (155° RAP, 155. Artillerie-Regiment zu Fuß), die aus dem ehemaligen 160. Régiment d'Artillerie à Pied gebildet worden waren, in der Kaserne wenigstens vorübergehend einquartiert waren. Auf einer von einem gewissen Raymond geschriebenen Postkarte vom 14. Januar 1934 ist jedoch zu lesen, dass zumindest die 5. Batterie dieser Einheit in Haguenau stationiert war.

Darüber hinaus wurde aus den Strukturen des 155ème RAP am 15. April 1933 im Quartier Lizé die IV. Gruppe (10. und 11. Batterie) der Artillerie des 403. Artillerieregiments der Flugzeugabwehr (403° RADCA), ehemals 3ème RADCA, gebildet. Das 403ème RADCA stand zunächst unter dem Befehl des Eskadronchefs Ragué. Es kann mangels konkreter Hinweise davon ausgegangen werden, dass diese zwei Artillerie-Einheiten (155° RAP und 403° RADCA) einige Jahre hindurch gemeinsam im Quartier Lizé untergebracht gewesen waren. Um die Hypothese der Anwesenheit des 155ème RAP zu bestätigen, kann man sich auf einige Branchenverzeichnisse im Zeitraum 1931 bis 1934 beziehen, so im Jahr 1931, als der Colonel Marc-Paul-Vincent Grollemund das Regiment befehligte, und 1934, als dies der Lieutenant-colonel du Bois de Maquillé tat. Und in der Ausgabe der „Dernières Nouvelles d'Alsace" vom 16. Juli 1934 wurde dem Nationalfeiertag ein Artikel gewidmet, der zeigt, wie das 155ème RA neben dem 403ème D.C.A. in Straßburg marschierte.

Gemäß einigen Quellen war das 155ème RAP im Dezember 1932 in folgenden Kasernements untergebracht:

* Haguenau: Stab und zwei Gruppen
* Sarrebourg: drei Gruppen
* Straßburg: eine Gruppe
* Belfort: eine Gruppe

Ab 1. Januar 1933 waren die Einheiten wie folgt einquartiert:

* Straßburg: Stab und zwei Gruppen
* Mutzig: eine Gruppe
* Belfort: eine Gruppe

Der spätere General Marie Paul Vincent Grollemund (1879-1953) wird den elsässer Berühmtheiten zugerechnet. Zum Lieutenant-colonel wurde er bereits am 25. März 1917 befördert, Chef des 155ème RAP in Straßburg wurde er am 21. Juni 1930. Zum Colonel wurde er am 25. September des Jahres und zum Brigadegeneral am 19. März 1937 befördert.[4]

Im Jahre 1933 erfolgte die Aufteilung des imposanten Quartiers Lizé in zwei separate militärische Anlagen. Der südliche Teil erhielt den Namen „Lizé" und der Norden, jenseits der Rue de Solignac, den Namen „Lyautey".

Die Archive weisen auf „Meinungsverschiedenheiten" zwischen dem Parc d'Aviation n° 2 und seinen Fliegern im Lizé Nord und der Artillerie im Lizé Süd hin. Offensichtlich funktionierte seit der Aufstellung dieser Einheiten nach dem Krieg nichts normal, während aber das, was seit den Jahren ab 1910 geplant war, Gestalt annahm. Günstig war dabei, dass das 2ème RAC aufgelöst wurde.

Die Route du Neuhof war mittlerweile vor der Kaserne gepflastert, und die sie begrenzenden Limetten mussten im Zuge umfangreicher Installationsarbeiten mit Abwasserrohren ersetzt werden. All das war unumgänglich geworden nach dem Bau der „Neuen Feldartillerie-Kaserne" im Jahre 1907.

Im Jahr 1940 wurde die Kaserne wieder durch deutsche Soldaten genutzt. Es hatte den Anschein, dass die Baracken als Unterkünfte für junge Rekruten der Wehrmacht dienten, die auf dem nahegelegenen Übungsplatz Polygon ausgebildet wurden.

Am 1. Januar 1938 änderte das 155. Régiment d'Artillerie à Pied seinen Namen in 155. Régiment d'Artillerie de Position.

Wichtig ist noch anzuführen, dass, im Gegensatz zu der Zeit vor dem Ersten Weltkrieg, von der eine gute Quellenlage vorherrscht und die Geschichte der Kaserne gut dokumentiert und auch überliefert wurde, die französischen Informationen in der Zeit zwischen 1920 und 1940 eher lückenhaft, nicht aussagekräftig beziehungsweise gar nicht erst auffindbar sind. Die Quellen vor 1914

---

[4] Vgl. Albert Ronsin: Les Vosgiens célèbres – Dictionnaire biographique illustré, G. Louis, 1990, S. 176.

sind noch in lokalen Archiven vorhanden, wie zum Beispiel alte Flussdiagramme.

Lizé seit 1945

Nach Kriegsende am 8. Mai 1945 waren es zunächst Pionier-Einheiten, die die Liegenschaft in Besitz nahmen.

Am 1. Oktober 1948 wurde das 1ᵉʳ Bataillon Autonome du Génie (1° BAG) im Lizé gebildet, und zwar in einer Form „Pionierbataillon der Infanterie-Division" („Bataillon du Génie de Division d'Infanterie", BGDI). Sein erster Bataillonskommandeur wurde Paul Tachet.

Innerhalb dieser neu gebildeten 1° BAG fand am Sonnabend, dem 12. Februar 1949, eine offizielle Flaggenparade vom Freundeskreis der französischen Reserveoffiziere des Pionierdienstes statt. Auch erfolgte die Lieferung von Verpflegung für die jungen Wehrpflichtigen unter der Präsidentschaft des Generals Raymond Gruss (1893-1970), dem späteren Militärgouverneur von Straßburg (1947-1950). Ein Memo präzisiert den Verlauf der Zeremonie:

Um 15.00 Uhr sind im Innenhof von Lizé versammelt:
- die Musik des 152. Infanterie-Regiments (152° RI),
- die Züge der Offizieranwärter,
- die Kompanien
- und die Behörden, darunter der Kommandeur des Pionierdienstes der T.O.A. (Besatzungstruppen in Deutschland) General Bouley, Oberst Kauffeisen, Kommandeur und Regionaldirektor des Pionierdienstes, und andere zivile und militärische Personen.
Nach der Waffenparade ein Empfang in der Halle von Kompaniegebäude 1/2, wo den Behörden ein Cocktail serviert wird.

Eine kleine Randbemerkung: Das Memo zur Organisation der Zeremonie erwähnt, dass „beim Eintreffen der Generäle eine Tanzparty im Erdgeschoss des Gebäudes stattfinden werde" (so die verwendeten Begriffe). Dieser Service wurde vom Projektunteroffizier, Adjudant-chef (Hauptfeldwebel) Bouhelier, geleistet.

Soll einem Bericht des Bataillonskommandeurs Joyeux über die Moral vom 5. Dezember 1952 Glauben geschenkt werden, waren – trotz der Auswirkungen des Zweiten Weltkrieges, die noch im ganzen Land wie auch im 1° BAG zu spüren waren – die materiellen Bedingungen für Mannschaften, Unteroffiziere und Offiziere relativ zufriedenstellend:

(...) Die Truppe findet die Verpflegung fast durchweg gut und gut vorbereitet. Der Vorrat reicht für den Moment und er verzeichnet eine deutliche Verbesserung gegenüber dem Vorjahr (...) Die Speisesäle der Kompanien wurden in den ehemaligen Stallungen eingerichtet. Wenn auch wesentliche Anpassungen vorgenommen wurden, so sind doch noch einige Verbesserungen vorzusehen, wegen sich kaum dafür eignender Räumlichkeiten, die intime und kokette Note, was wünschenswert wäre (...) Der Mangel an qualifiziertem Personal ist manchmal

schwer fühlbar (...) und das Kasino, die weder Spielzimmer noch Lesesaal hat, hat einen negativen Einfluss auf das Gemeinschaftsleben (...)

Bezogen auf die Kleidung hatten die Offiziere einige Schwierigkeiten bei der Beschaffung so genannter Effekte-Pakete: „Bis jetzt und was die wichtigsten Effekten (aufgenähte Applikationen) anging, hatten die Offiziere nicht viele Vorteile, wenn sie sich an den Quartiermeister wandten: Bei gleicher Qualität richteten sich die Preise im Wesentlichen an den zivilen aus, wo die Auswahl um einiges größer war. Wahrscheinlich waren die US-Shops aus diesem Grund von jeher sehr beliebt. Dennoch wurde die jüngste Ankündigung einer Gratis-Zusatzausstattung *whipcord kaki clair* für die Herstellung eines Anzugs begrüßt (...)"

Für die Unteroffiziere war die Situation die gleiche: „Es ist dringend notwendig, für die Unteroffiziere A.D.L. (außerhalb der vorgeschriebenen Dauer, sprich: Karriere) zu der Lösung vor dem Krieg zurückzukehren, als ihnen periodisch angeboten wurde, einen Rock aus Gabardine (= Kammgarngewebe) schneidern zu lassen. Derzeit sind die vom Quartiermeister ausgestellten Effekte nicht immer sehr gut, mehr oder weniger gut angepasst und weisen im Allgemeinen einen Mangel an Einheitlichkeit auf."

Und hinsichtlich der Mannschaften: „(...) Der Mangel an Freizeitschuhen – Pantoffeln zum Beispiel – führt dazu, dass der Pionier sein einzige Paar Sneakers für den Sport benutzt, sodass paradoxerweise der Verschleiß viel schneller erfolgt als beim Rest der Menschheit (...) Qualitativ ist nur der Ausgehanzug vorzeigbar. Doch ist es manchmal schwierig, die Farben von Jacke, Hose und Haube anzupassen (...)"

Im Bereich der Unterkünfte mussten die verheirateten Dienstgrade (Unteroffizier aufwärts) „kämpfen, um eine angemessene Unterkunft zu finden zu Preise, die sie sich leisten können (...) woher der Spuk der Veränderungen (...)"

Wie wurden die älteren Dienstgrade untergebracht? „27 Zimmer unter 40 verfügen über ein Waschbecken mit fließendem Wasser. In den anderen müssen Unteroffiziere auf das archaische System der Schüssel und dem Wasserkrug zurückgreifen, verbunden mit Wasserholen, aus Mangel an Personal."

Und von Seiten der Truppe wurde angemerkt:

Die Zimmer der Mannschaften sind akzeptabel, angesichts der begrenzten Mittel, die zur Verfügung stehen (...) Die Pioniere (...) werden semesterweise aus ihren normalen Tätigkeiten gerissen, um die Barracken zu reinigen, was vor allem den jungen Rekruten vorbehalten war (...)

Die Zimmer sind nicht ausreichend beleuchtet. Eine Birne mit 25 Watt ist eine einfache Laterne in einem Raum von 35 m². Lesung, Korrespondenz, Vorbereitung von Fragen, die abendliche intellektuelle Arbeit ist deshalb äußerst schwierig oder sogar unmöglich (...) (A. Collard schrieb auf einer Postkarte vom 25. November 1926: „(...) Letzte Nacht zerbrach ein unglücklicher Schlag die Lampe, und wir wurden des Lichts beraubt und gezwungen zu schlafen (...)"

Eine Entspannung der Heizungsregelung ist erforderlich. In der Tat ist es kaum denkbar, dass die Heizung zu einem festen Zeitpunkt beginnt, unabhängig von der Höhe der Temperatur. Darüber hinaus reicht die Zuteilung von 1 kg Kohle pro Mann und Tag nicht aus, um die sehr hohe Luftmenge (in den Zimmern) zu erwärmen wegen der hohen Decken (...)

Einige Waschbecken sind in einem so schlechten Zustand, dass ihre Reparatur dringend notwendig ist (...)

Ein Wort zum Sold:

(...) Ein aktiver und verheirateter Caporal-chef (Hauptgefreiter) verdient monatlich, Lohn und Familienleistungen inbegriffen, 29.672 Francs, ohne den Anspruch als Angehöriger der Truppe auf Nutzung der militärischen Unterkunft. Ein verheirateter Sergent-chef (Stabsunteroffizier) ohne Kinder erhält als zusätzlichen Ausgleich einen einzigen Zuschuss zum Arbeitsentgelt in Höhe von 34.000 Francs pro Monat. Doch in Straßburg ist für 2 Personen – und ohne extra – ein Minimum von 800 bis 1000 Francs pro Tag für Lebensmittel zu rechnen (...) Können sie unter diesen Bedingungen eine Wiedereinstellung mit Interesse erwarten, vor allem, wenn sie sich bei einem Beruf – oft im Regiment (Bataillon) erlernt – gewiss sind, im zivilen Bereich eine weit besser bezahlte Position zu finden (...)

Was den unverheirateten Sous-lieutenant (Unterleutnant) angeht, so erhält dieser 34.050 Francs pro Monat und scheint zufrieden zu sein (...)

Folgende Ereignisse waren maßgeblich für das Quartier Lizé seit 1945:

* 1947 wurde der westliche Teil des Lizé vom Bildungsministerium für einen Zeitraum von 18 Jahren der französischen Armee zur Verfügung gestellt. 1953 wurden diese Räumlichkeiten für einige Jahre von der Ecole Normale des Instituteurs Catholiques du Bas-Rhin (katholisches Lehrerseminar) genutzt. Der Befehl zur endgültigen Disposition dieses Teils des Lizé kam am 13. Mai 1963. Heutzutage befindet sich das IUFM – Institut Universitaire de Formation des Maîtres (Hochschulinstitut für Lehrerbildung) – in den Räumlichkeiten. Laut einem früheren Projekt sollte diese Erweiterung abgerissen werden, nur das große Hauptgebäude sollte noch erhalten werden.

* Am 11. Januar 1953, noch immer unter dem Kommando von Lieutenant-colonel Joyeux, übernahm das 1er BAG die Bezeichnung „12. Pionierbataillon" (12° BG). Außerhalb des Quartiers stehen Häuserblöcke als Unterkünfte für Soldaten oder deren Angehörige, einer hinter dem anderen in Richtung Osten und nach Süden. Die Rue de Solignac wurde gebaut und löste die vorherige Holperpiste ab. Die Wohnblöcke sind heute noch vorhanden.

* Unter dem Befehl von Oberst Viard erhielt das 12° BG am 1. Januar 1956, den Namen Bataillon de Marche du Génie (BMG), bevor es am 6. Januar 1956 nach Nordafrika (AFN, Afrique du Nord) verlegt wurde.

* Am 1. April 1960 kehrte das 1er Régiment du Génie (1° RG, 1. Pionierregiment) unter Oberst Vidal, ins Quartier Lizé zurück. Es blieb dort bis 1976. Im Osten und Süden des Quartiers wurden Häuser gebaut.

* Von 1976 bis 1984 war im Lizé das 406ème Bataillon de Commandement et des Services (406° BCS), aus dem im Jahr 1977 das 6ème Régiment de Commandement et des Services (6° RCS) hervorging.

* Die Kurznachrichten in der Regiments-Gazette sind eine einzigartige Quelle. In der Ausgabe vom März 1981, unterzeichnet von Lieutenant-colonel Carpentier, Korpschef des 6° RCS, ist beispielsweise zu lesen, dass 133 junge Wehrpflichtige des Einberufungsquartals 1981/02 zum Regiment kamen, dass der Bibliothekenbus der Stadt Straßburg jeden 1. und 3. Dienstag im Monat zum Quartier kam, aber auch, dass das Regiment zwei wichtige Inspektionen vom Quartiermeister und vom Kasernement erdulden musste und dass ein besonderes Augenmerk auf die Betriebsmittel gerichtet werden sollte, das heißt, auf die Fahrzeuge und Waffen. Folgende Phrasen führten zu einer gewissen Bekanntheit: „Es werden die Räume entfettet, um Personen vor dem Bahnhof einer Schmierung ... zuzuweisen." („Il faudra dégraisser les ateliers afin d'affecter les personnels à la station de ... graissage.") Oder auch: „Wo soll ich Munition sammeln, Chef?" („Où dois-je percevoir les munitions chef ?") – „Es gibt keine Wahrnehmung, alles ist fiktiv!" – „Also, wo bekomme ich meine Mahlzeit?" – „Ich erzähle dir, alles ist fiktiv!"

* Von 1984 bis 1985 mietete das 62ème Groupement Divisionnaire (62° GD) die Räumlichkeiten.

* Von 1985 bis 1991 war dort das 5ème Régiment du Matériel (5° RMAT) untergebracht.

Premierlieutenant Louis Schmidt von Schmiedeseck (* 8.2.1842, † 10.12.1890). Er war vom 7. Juli 1887 an bis 1890 Kommandeur des 1871 nach Straßburg verlegten Schleswig-Holsteinschen Ulanen-Regiments Nr. 15. Das Regiment war am Feldzug 1870-71 gegen Frankreich beteiligt gewesen. Die einzelnen Gefechte sind aufgelistet in dem Buch „Historische Rang- und Stammliste des deutschen Heeres" von Claus v. Bredow (Wedel 1905) auf Seite 675: 14.8. Colombey-Nouilly, 16.8. Vionville-Mars la Tour, 15.8. Le Sablon (3. Esk.), 17.8. Rezonville (3. Esk.), 18.8. Gravelotte-St. Privat, 25.8. Sivry (3. Esk.), 29.8. Ballay (3. Esk.), 2.9. Launois, 9.9. Laon, 3./4.12. Orléans; 7.12. Rouan le Fuzelier, 13.12. Vierzon (3., 5. Esk.), 6.1. St. Amand, 10.-12.1. Le Mans, 14.1. Chassillé, 15.1. St. Jean s. Evre u. Ste. Suzanne, 17./18.1. Laval (3., 4.). Foto und Repro: Bernd Olligs, Rommerskirchen, Internetversandhandel

Quartier Lyautey

Das Schicksal des Quartiers Lyautey ist über einen Zeitraum von über 20 Jahren eng verbunden mit dem des Quartiers Lizé. Der Name war erst seit 1933 gebräuchlich, als das Régiment d'Aviation de Chasse und seine Unterstützungseinheit Parc d'Aviation n° 2 aufgelöst wurden.

Dieses Quartier wurde auf den Namen „Lyautey" getauft, und zwar zu Ehren einer legendären Persönlichkeit, die ausnahmsweise bereits zu Lebzeiten Namensgeberin eines Straßburger Quartiers wurde: Hubert Lyautey (1854-1934), Marschalls von Frankreich.

Zu den Ursprüngen dieses Stadtteils:

Zu Beginn des Jahres 1907 hatte die Stadt Straßburg dem XV. deutschen Armee-Korps eine Fläche von 56.589 Quadratmetern für den Bau dieser Kaserne an der Route du Neuhof, die früher „Route d'Altenheim" oder „Altenheimerstraße" genannt wurde, übertragen.

Nach Abschluss der Bauarbeiten am 1. Oktober 1909 übernahm das I. Bataillon des Ober-Elsässischen Feldartillerie-Regiments Nr. 15 den Nordteil der Kaserne, zeitgleich das Feldartillerie-Regiment Nr. 51 den Südteil des Kasernements. Das Feldartillerie-Regiment Nr. 51 stand unter dem Kommando von Oberstleutnant Louis Willy Moyzischewitz (1856-1919), der später zum Generalmajor aufstieg und dessen Sohn Arno von Moyzischewitz (1890-1937) eine Karriere als Offizier und Unternehmer machte, allerdings bei einem Jagdunfall ums Leben kam.

Das Ober-Elsässische Feldartillerie-Regiment Nr. 15 setzte sich aus zwei Artillerie-Bataillonen mit Fuhrwerk und einem weiteren zu Pferde zusammen. In diesem Fall handelte es sich um das I. Bataillon der fahrenden Artillerie.

Im Oktober 1912 übergab das Regiment Nr. 15 den Bereich an das I. Bataillon (die drei ersten Batterien) der I. Abteilung des Straßburger Feldartillerie-Regiments Nr. 84 unter Oberst Karl von Stumpff (1858-1936). Und – wie für Lizé Süd – wurde das Projekt eines Erweiterungsbaus im Westen eingereicht.

Im Zuge der Verlegung des Regiments Nr. 15 und der Ankunft des Regiments Nr. 84 behielt das ursprünglich für Familien des Regiments Nr. 15 bestimmte „Familienhaus" seinen Namen. 1919 wurde daraus das „Fliegerhaus".

Die deutschen Kanoniere der damaligen Zeit gingen – wie alle Soldaten nach ihrer Stationierung in der Kaserne – sofort auf die Suche nach einem netten Ort in der Nähe, um nach Dienst ein paar angenehme Momente am Abend bei einem Bier zu verbringen. Die Wirtschaft „Zum Marschallhof", 1906 von L. Grünewald gebaut und später das Restaurant „À la Croix d'or" genannt, damals 1, Route d'Altenheim, war einer jener freundlichen Orte. Damals führte ein gewisser G. Cron (oder Kron) die Wirtschaft.

Eine weitere Einkehrmöglichkeit bot auch damals das Gasthaus mit der heutigen Adresse Route du Neuhof 69 (mit einer Schätzung des Baujahrs um 1902). Seit

1973 wurde die Wirtschaft von Jean-Jacques Weigel unter dem Namen „Aux bons amis" geführt, gegenüber dem Südteil des Quartiers Lyautey.

Und dann gab es noch die Cafeteria oder Wirtschaft „Zur Granate", Altenheimer Straße 1a, mit einer Granate über der Tür, ein bevorzugter Treffpunkt aller Kanoniere, deren Besitzer in dieser Reihenfolge Anton Arnet, A. Stöhr, Rietsch, und so weiter hießen. Heute heißt das Cafe „Au bon coin – bei Sedat". Es liegt an der Ecke der Straßen Rue de Châteauroux und Route du Neuhof.

Nach dem Ersten Weltkrieg übernahm Michel Auclair das Geschäft zum Nutzen der Brasserie du Pêcheur und benannte es um in „Au Rendez-vous des Aviateurs", weil es eng mit den Fliegern des 2ème Régiment d'Aviation de Chasse verbunden war. Diese waren gegenüber dem nördlichen Teil des Quartiers Lizé (Parc d'Aviation n° 2) untergebracht, der Großteil des Regiments ab 1919 in der Kaserne Guynemer. Zu dieser Zeit waren es die französischen Soldaten, die zur Stange hielten, um die Brauereien an der Straße mit ihrem Besuch zu beehren. 1934 kaufte Monsieur Rietsch den Laden, und nach ein paar Jahren des Betriebes gab er ihm wieder seinen ursprünglichen Taufnamen „Zur Granate" zurück, als die deutschen Besatzer 1940 eintrafen. Dann servierte er den Soldaten der Wehrmacht und nach 1945 wieder den Franzosen. In der Zeit nach dem Zweiten Weltkrieg wurde die Wirtschaft erneut umbenannt in „Au Rendez-vous des Aviateurs".

Monsieur und Madame Rietsch bekamen 1931 ein kleines Mädchen namens Yvette, das später durch Heirat den Familiennamen Luczò annahm. Heute erinnert sie sich an ihre Jugend und erzählt einige nette Anekdoten aus dem Thekenbereich bei ihren Eltern oder in der unmittelbaren Umgebung aus der Zeit zwischen den beiden Weltkriegen.

In den Jahren nach 1910 gab es auch das Haus Altenheimerstraße 1b, in dem der Händler Engelbert Schrodi ein Lebensmittelgeschäft hatte. Sein Laden befand sich neben dem Gasthaus „Zur Granate" und bot als Ergänzung dazu vor allem koloniale Lebensmittel und Eisenwaren, aber auch militärische Artikel an.

Zwei Türen weiter gab es unmittelbar nach der Kasernenwache auf der linken Seite im selben Zeitraum einen Schneider für militärische und zivile Kunden, einen Friseur und einen besonderen Händler für militärische Artikel. All diese Geschäfte wurden anfangs durch die deutschen Artilleristen, später durch die Flieger und Techniker des Parc d'Aviation n° 2 genutzt. Ein Schild im Fenster kündigte in großen Buchstaben den Namen des Besitzers, Ch. Heiby, an.

Wie hat man sich das Quartier Lyautey in der Zeit um 1910 vorzustellen?

All dies lässt sich mittlerweile nur noch anhand des Plans von Stadtbaumeister Edouard Schimpf im Januar 1907 und Spuren in den Archiven beantworten. Beim Betreten der Kaserne, von der Route d'Altenheim kommend (der Zugang ist heute gesperrt), war auf der rechten Seite das Gebäude der Wache. In den Etagen darüber befanden sich die Büros des Bataillonsstabes und einige Räume, die der Lagerung verschiedener Materialien dienten. Weiter nach rechts hin folgend, über einem Artilleriewagen-Unterstand, befand sich ein schönes Gebäude mit einer großen Veranda, wo sich dem Besucher ein Blick auf einen traditionellen Garten gegen Osten hin bot. Dies war das gemeinsame Gebäude des Offizierkasinos der Regimenter Nr. 15 und 51, im Wesentlichen bestehend aus einem großen Speisesaal, einer Bar und mehreren Salons. Auf der anderen Seite gegen Westen befand sich ein weiterer schön bepflanzter Garten, der sich bis zu den Gebäuden der Familien dieser zwei Artillerie-Einheiten ausdehnte, von denen das größere im Norden den Familien von Regiment Nr. 51 vorbehalten war. Die Lage dieses Teils der Kaserne stand im strengen Gegensatz zu dem Rest der militärischen Einrichtungen im Süden, die ganz militärischen Übungen zu Fuß oder zu Pferde vorbehalten waren. Die beiden festen Gebäude und die vielen quadratisch um den Platz errichteten Ställe vermochten den Bereich nicht aufzuhellen. Wie in anderen Teilen der Kaserne auch, wurden jenseits des Einschnittes von Solignac symmetrisch entlang der großen Mannschaftsgebäude junge Sträucher gepflanzt, um dem Ganzen einen fröhlicheren Ton zu geben und gleichzeitig die Latrinenräume zu kaschieren.

Es ist nicht weiter verwunderlich, dass die Soldaten unter solchen strengen Rahmenbedingungen auf den Dienstschluss warteten, um einige Augenblicke später in die Cafés der Rue d'Altenheim zu entkommen. Sie trafen sich, machten es sich bequem, begründeten ihre Rivalitäten zwischen den Kanonieren des Regiments Nr. 51 und des Regiments Nr. 15 beziehungsweise Regiments Nr. 84 und sprachen dem Bier zu, bis der Ruhestand sie erreichte.

Während des Ersten Weltkriegs (1914-1918) waren die beiden Artillerie-Einheiten der „Neuen Feldartillerie-Kaserne" an der Front eingesetzt. Über das Schicksal der Kaserne in dieser Zeit ist nichts bekannt. Tatsache ist, dass dort viele Rekruten auf dem Weg zur deutschen Front passierten. Das Feldartillerie-Regiment Nr. 15 war im Ersten Weltkrieg der 42. Infanterie-Division unterstellt, die berittene Abteilung der 2. und 7. Kavallerie-Division (Reserve-Feldartillerie-Regiment Nr. 15 der 15. Reserve-Division). Das Regiment Nr. 51 (beziehungsweise zuletzt Nr. 84) war im Krieg zunächst der 30. Infanterie-Division und später der 220. Infanterie-Division unterstellt.

Durch den Vertrag von Versailles wurde dieser Teil der „Neuen Feldartillerie-Kaserne" wieder französisch. Er erhielt den Namen „Lizé Nord", in Erinnerung an einen in Italien während des Krieges gefallenen französischen General, und öffnete seine Türen für den Parc d'Aviation n° 2.

Teil der Geschichte ist auch, dass der Soldat Antoine de Saint-Exupéry am 2. April 1921 ins Lizé Nord (jetzt Lyautey) eingezogen wurde. Als Secrétaire wurde er schnell von der Flugzeug-Begeisterung auf dem benachbarten Polygon ergriffen. Von diesem Moment an hatte er nie aufgehört, das Fliegen zu lieben. Und am 18. Juni 1921 konnte Antoine de Saint-Exupéry dank einer (geheimen) Ausnahmegenehmigung des Gardemajors, der das $2^{\text{ème}}$ Régiment d'Aviation de Chasse befehligte, die ersten Flugstunden gegen Bezahlung nehmen. Das Geld hierfür hatte er von seiner Mutter erhalten (2000 damalige Francs für 100 Stunden). Die ersten Flugstunden bestand er auf einem Doppeldeckerflugzeug, einer Farman F.40 der „Transaérienne de l'Est". Das war eine zivile Luftfahrtfirma, die sich damals im Nordosten des Polygons befand, welche die Luftverbindung zwischen Straßburg, Brüssel und Antwerpen gewährleistete. De Saint-Exupéry flog auf diese Weise zum ersten Mal über das Elsass und entdeckte die von den Revanchisten in Frankreich vielzitierte „ligne bleue des Vosges" (die blaue Horizontlinie der Vogesen).

„Bien chère soeur, Tous mes voeux pour ta fête." Die besten Wünsche zum Geburtstagsfest wurden auf die Rückseite dieser Postkarte geschrieben, verbunden mit guten Wünschen zum Osterfest, am 19. März 1948. Die Karte, die das Hôpital Militaire Lyautey (Pavillon de Médecine) zeigt, herausgegeben von Félix Luib in Straßburg, wurde nicht adressiert und frankiert und folglich in einem Briefumschlag versandt. Sammlung Blazek

Das Eurokorps

Das Quartier Aubert de Vincelles ist der Sitz des Stabes des Eurokorps. Es liegt etwa zehn Kilometer südlich der Stadt Straßburg, in guter Nachbarschaft zum Flugplatz „Polygon".

Das Eurokorps ist in erster Linie ein militärisches Hauptquartier, das aus einem Stab mit Unterstützungseinheiten mit etwa tausend militärischen und zivilen Mitarbeitern besteht. Der Stab ist grundsätzlich mit Franzosen, Deutschen, Spaniern und Belgiern besetzt.

Das Eurokorps gehört als schnelle Eingreiftruppe zur NATO/Nordatlantischen Allianz. Es hat, wie die französische Verteidigungsministerin Michèle Alliot-Marie bei einer Geburtstagsfeier des 3-Sterne-Kommandos in Straßburg erklärte, auch eine besondere europäische Dimension, die in der europäischen Verfassung verankert werden soll. Damit bildet das Eurokorps die Grundlage für eine effiziente sicherheitspolitische Identität Europas. Es stellt einen bedeutenden Schritt auf dem Weg der Gemeinsamen Europäischen Sicherheits- und Verteidigungspolitik dar.

In das Jahr 1987 fällt die Einrichtung des Deutsch-französischen Verteidigungs- und Sicherheitsrates, einer permanenten Einrichtung, die die deutsch-französische Zusammenarbeit im Bereich der Sicherheits- und Verteidigungspolitik koordiniert.

Am 2. Oktober 1989 erfolgte in Böblingen (Baden-Württemberg) die offizielle Aufstellung der Deutsch-Französischen Brigade (Brigade franco-allemande). Sie ist seit 1991 einsatzbereit. Helmut Neubauer, Generalmajor a.D. und zuletzt Stellvertreter des Kommandierenden Generals des Eurokorps in Straßburg, war von 1991 bis 1993 der erste Kommandeur der Deutsch-Französischen Brigade.

In einem gemeinsamen Brief an den Vorsitzenden des Europäischen Rates regten Bundeskanzler Helmut Kohl und Präsident François Mitterrand am 14. Oktober 1991 die Aufstellung eines Europäischen Korps an.

Auf der Grundlage des Beschlusses des deutsch-französischen Gipfeltreffens am 22. Mai 1992 in La Rochelle wurde das eigentliche Eurokorps gegründet. In dieser Gründungsakte des Eurokorps heißt es unter anderem:

„Das Europäische Korps soll Europa erlauben, über Möglichkeiten des eigenen militärischen Handelns zu verfügen. Durch seine Aufstellung bekunden die am Europäischen Korps beteiligten Staaten ihren Willen, gemeinsam und einvernehmlich ihre Verantwortung auf dem Gebiet der Sicherheit und der Aufrechterhaltung des Friedens im Rahmen einer Europäischen Union wahrzunehmen, die auf längere Sicht auch eine gemeinsame Verteidigungspolitik umfaßt."

Bereits am gleichen Tag verlautete in der renommierten Frankfurter Allgemeinen Zeitung:

Euro-Korps und Nato

Nm. Die Absicht, ein deutsch-französisches Korps zu schaffen, war als Fußnote in der Kohl-Mitterrand-Initiative vor dem Gipfeltreffen in Maastricht enthalten. Das hat damals viel Staub aufgewirbelt, in Brüssel bei der Nato, in London und in Washington. Er hat sich, obwohl die Verbündeten von deutscher Seite seither kontinuierlich unterrichtet wurden, noch nicht gesetzt, wie die Reaktionen vor den Konsultationen in La Rochelle zeigen, bei denen Bonn und Paris Zusammensetzung und Auftrag des „Euro-Korps" beschließen. Das Ganze ist ein Kompromiß mit Unklarheiten: Deutschland will Frankreich näher an die Nato-Integration ziehen; Frankreich versucht mit dem Korps, einer europäischen Verteidigungsidentität ohne die Amerikaner Profil zu verschaffen. Gemeinsame Grundlage ist der Wille, den Verbleib französischer Truppen in Deutschland auf neuer vertraglicher Grundlage zu gewährleisten.

Die Sicherheitslage in Europa fördert solche Experimente. Die Bedeutung der Westeuropäischen Union (WEU) ist inzwischen unbestritten. Briten und Amerikaner wollen sie zum „europäischen Pfeiler" in der Nato ausbauen; einige EG-Staaten sehen in der WEU das Fundament für die Verteidigung in einer künftigen Politischen Union Europas. Ob sie das eine oder das andere sein wird, hängt davon ab, was aus der Nato und dem amerikanischen Engagement in Europa wird. Von den derzeit 300 000 amerikanischen Soldaten in Europa will die Regierung Bush in den kommenden Jahren die Hälfte abziehen. Im Kongreß wird schon von einer Reduzierung bis auf 75 000 oder 50 000 Mann gesprochen. Die Vereinigten Staaten wollen mit der verbleibenden Truppe vor allem ihr europäisches Sprungbrett in strategisch wichtige Regionen unterhalten: in den Nahen Osten und die Golfregion. Die Europäer haben andere Prioritäten, nicht zuletzt im Blick auf den neuen Balkankrieg.

Mit oder ohne deutsch-französisches Korps: eine europäische Verteidigung gibt es bisher nicht; die einzig funktionierende Sicherheitsstruktur ist die Nato. Weil Amerika zu den Konflikten im postkommunistischen Europa Distanz hält, ist das Bündnis jedoch militärisch gelähmt. Wie Sicherheit und Verteidigung in Europa künftig organisiert werden, entscheidet sich daran, wer in Krisen Verantwortung übernimmt und bei Konflikten Tatkraft zeigt.

[Frankfurter Allgemeine Zeitung vom 22. Mai 1992]

Am 1. Juli 1992 wurde der Aufstellungsstab des Eurokorps in Straßburg eingerichtet. In einem französisch-deutschen Memorandum vom 30. November 1992 wurde vorgeschlagen, das Eurokorps der Westeuropäischen Union zu unterstellen.

Das SACEUR-Abkommen (SACEUR = Supreme Allied Commander Europe, ein US-4-Sterne-General) vom 21. Januar 1993 regelte die Beziehungen und Kompetenzen zwischen NATO und Eurokorps. Es beschreibt das Eurokorps als dafür vorgesehen, zur gemeinsamen Verteidigung der Alliierten und zu Krisenoperationen gemäß Artikel 5 des Washingtoner Vertrages und des neuen Strategischen Konzepts der NATO beizutragen (Abs. 3). Im Zuge der gemeinsamen

Verteidigung solle das Korps der Verfügungsgewalt des SACEUR unterstellt werden („... mis à la disposition"). Dieser sei autorisiert, das Korps mit den ihm übergeordneten NATO-Kommandostäben Central Europe/CINCENT oder Commander Land Forces Central Europe/COMLANDCENT im Verband zum Einsatz zu bringen. Das Abkommen eröffnete zudem die Perspektive eines Einsatzes des Eurokorps im Rahmen der NATO-Krisenreaktion.

Das Eurokorps wurde schließlich am 1. Oktober 1993 mit dem Dienstantritt von Generalleutnant Helmut Willmann offiziell in Dienst gestellt und am 5. November 1993 in Straßburg der Öffentlichkeit vorgestellt.

Défilé des Eurokorps auf dem Place de la République in Straßburg, 5. November 1993.
Foto: Archiv Eurokorps

Die Gründungszeremonie erfolgte auf dem Place de la République in Anwesenheit der französischen, deutschen und belgischen Verteidigungsminister (François Léotard, Volker Rühe und Leo Delcroix). Generalleutnant Willmann bekam sein Büro in der Sturm-Kaserne am Quai Jacques Sturm in der Straßburger Innenstadt. Erst zu Beginn des Jahres 2002 verließ die Generalität die Sturm-Kaserne und zog in die Aubert-de-Vincelles-Kaserne.

Belgien war dem Eurokorps schon am 25. Juni 1993 beigetreten. Es folgten Spanien am 1. Juli 1994 und Luxemburg am 7. Mai 1996.

Am 14. Juli 1994 nahm das Eurokorps zum ersten Mal an der Militärparade auf den Champs-Elysées in Paris teil. Es war zudem das erste Mal seit genau 50 Jahren, dass deutsche Soldaten (in einer Stärke von 189 Offizieren, Unteroffizieren und Mannschaften) durch Paris marschierten. Die versammelte französische Bevölkerung applaudierte, als die Soldaten des Eurokorps vorbeimarschierten. Der Kommandierende General, Generalleutnant Willmann, fuhr an der Spitze des Eurokorps, gefolgt von gepanzerten Fahrzeugen des französischen 110. Infanterie-Regiments, des deutschen Jägerbataillons 292, der belgischen 1. Mechanisierten Division, dem Luxemburger Bataillon und der spanischen 10. Mechanisierten Brigade.

„Der Spiegel" schrieb in seiner Ausgabe 29/1994 vom 18. Juli des Jahres: „Warum marschiert das Eurokorps nicht zu Fuß durch Paris? Weil es ein mechanisiertes Korps sei, sagt der zur Zeit deutsche Kommandeur, Generalleutnant Helmut Willmann, und weil es sehr schwierig sei, in so kurzer Zeit die unterschiedlichen Marschstile und -tempi einander anzugleichen: Die Deutschen tun 114 Schritt in der Minute, die Franzosen nur 95. Soll heißen: Man habe sich nicht etwa wegen befürchteter Demonstrationstaten in die Fahrzeuge verkrochen, o nein."

Und weiter: „Willmann ist ein rechtes Glück für die Deutschen: Er tappt in keine noch so schlaue Fragenfalle, findet Mitterrands Einladung an sein Korps ‚genereux et merveilleux', hat Verständnis, ‚wenn ältere Franzosen, die die deutsche Besatzungszeit erlebt haben, hier psychologische Schwierigkeiten bekommen'."

Teilnahme des Eurokorps am Nationalfeiertag auf der Champs d'Elysées in Paris, 14. Juli 1994. Im vorderen Fahrzeug links: Kommandierender General Generalleutnant Helmut Willmann, rechts davon der Military assistant Lieutenant-colonel Félix Hamm. Foto: Archiv Eurokorps

Wie kam es dazu, dass das Eurokorps mit von der Partie war? Während des 63. französisch-deutschen Gipfels, der am 31. Mai und 1. Juni 1994 in Mühlhausen stattfand, kündigte Staatspräsident François Mitterrand während einer Pressekonferenz an, dass er beschlossen habe, das Eurokorps einzuladen, an der französischen Nationalparade am 14. Juli teilzunehmen. Bundeskanzler Helmut Kohl war begeistert und bedankte sich beim französischen Präsidenten für diese liebenswürdige Geste. Er verlieh seiner Hoffnung Ausdruck, die Deutschen würden dies als einen symbolischen Akt für die Zukunft Europas sehen. Die Symbolhaftigkeit war enorm in dieser Zeit schmerzhafter Erinnerungen (man

66

hatte die Deutschen nicht zu den Feierlichkeiten aus Anlass des 50-jährigen Jahrestags der Landung in der Normandie eingeladen). Die Reaktionen in der französischen Presse waren geteilt: Die einen zeigten sich glücklich, den Wendepunkt in der Geschichte zu sehen, andere gaben sich eher geblockt und mit einem Gefühl der Demütigung. Während seiner traditionellen Rede zum 14. Juli sagte François Mitterrand mit Blick auf die Teilnahme des Eurokorps: „(...) Ich wiederhole mich. Ich glaube an die Schaffung eines starken Europas. Dieses Europa muss seine eigene Verteidigung haben."

Am 29. November 1995 meldete der Kommandierende General des Eurokorps, Generalleutnant Willmann, den vier Verteidigungsministern die Einsatzbereitschaft der Länder Belgien, Frankreich, Spanien und Deutschland. Die Zeremonie in Laon in der Champagne war zugleich Abschluss der Übung „Pegasus 95".

Seit 1995 einsatzbereit, hat das Straßburger Hauptquartier des Eurokorps bereits drei Jahre später in Bosnien Einsatzerfahrung sammeln können: Anfang 1998 verstärkten Soldaten des Korps das SFOR-Hauptquartier, 2000 stellte es das KFOR- („Kosovo Force"-) Hauptquartier in Kosovos Hauptstadt Priština.

Es folgte 2004/2005 die Führung von ISAF („International Security Assistance Force") in Afghanistan. Der multinationale Korpsstab mit Verbindungskommandos der Luft- und Seestreitkräfte kann je nach Auftrag über bereits im Frieden benannte Großverbände der Mitgliedsstaaten verfügen. Die Deutsch-Französische Brigade mit Sitz in Müllheim (Baden) ist dem Hauptquartier für Ausbildung, Übungen und Einsätze unterstellt.

Im Einklang mit der Entscheidung von 1999, das Eurokorps der EU und der NATO als schnellen Eingreifverbund für Krisenfälle zur Verfügung zu stellen, schloss das Eurokorps-Hauptquartier im September 2002 erfolgreich die Zertifizierungsprüfung als Krisenreaktionskorps der NATO ab. Dadurch wurden unter anderem die Möglichkeiten zur Koordination zwischen den Streitkräften der Mitgliedstaaten verbessert, was für die effektive gemeinsame Durchführung von Maßnahmen zur Friedenserhaltung und Krisenbewältigung unerlässlich ist.

Im September 2002 wurde das Eurokorps in ein so genanntes „schnelles Reaktionskorps" umgewandelt, das nicht nur der EU, sondern auch der NATO zur Verfügung steht. Das Korps ist in der NATO-Streitkräftestruktur als „Rapidly Deployable Corps" Headquarters mit Unterstellung zum Supreme Headquarters Allied Powers Europe (SHAPE) klassifiziert und stellt turnusmäßig Kräfte für die NATO Response Force. Seitdem sind im Korpsstab Offiziere mehrerer NATO-Bündnispartner gewesen: (Griechenland [2002], Türkei [2002], Polen [2003], Kanada [2003-2007], Italien [2009]). Zudem wurden Verbindungsoffiziere aus Großbritannien, Italien und den Niederlanden dorthin entsandt. Am 25. Februar 2003 unterzeichneten die EU-Nationen Österreich und Finnland in einer feierlichen Zeremonie in Straßburg ein Abkommen, auf dessen Grundlage sie nunmehr Personal in das Straßburger Hauptquartier des Eurokorps entsandten. Finnland verblieb beim Eurokorps bis 2005, Österreich bis 2011.

Ein Kriterium für die Zertifizierung als Krisenreaktionskorps der NATO war die Öffnung des Eurokorps für alle NATO-EU-Mitgliedstaaten. Spanien, das zu dieser Zeit den Vorsitz im Gemeinsamen Komittee innehatte, lud sowohl die NATO-Mitgliedstaaten als auch die Mitgliedsländer der Europäischen Union ein, Personal zum Hauptquartier des Eurokorps zu entsenden – diese Öffnung in Richtung Europäische Union ist eine Besonderheit. Demzufolge sind heute Griechenland, Polen und die Türkei seit 2002/03 mit Personal in den Stab des Eurokorps-Hauptquartiers integriert. Österreich entsandte 2003 einen Offizier zum Stabspersonal. Seit dem 22. Juni 2009 gehören auch zwei italienische Offiziere dem Hauptquartier an.

Von August 2004 bis Februar 2005 stellte das Eurokorps für sechs Monate den Kern des Hauptquartiers für ISAF VI in Kabul (Afghanistan).

Im Jahre 2006 stellte sich das Eurokorps einer Menge Herausforderungen. Das erste Halbjahr war bestimmt durch Vorbereitungen auf die NATO Response Force (NRF) Standby Phase, die am 1. Juli 2006 begann. Vom 1. Juli bis 31. Dezember 2006 stellte es im Rahmen der Führung der Landstreitkräftekomponente der Eingreiftruppe NATO Response Force 7 (NRF 7).

Fotos von der Übung „Jaguar" für NRF auf den Kapverden, 20. Mai bis 16. Juli 2006.
Fotos: Yves Debay (am 17. Januar 2013 in Syrien erschossen)

Fotos von der Übung „Jaguar" für NRF auf den Kapverden, 20. Mai bis 16. Juli 2006. Fotos: Yves Debay

Das Vorhaben NRF 7 war verbunden mit zahlreichen Übungen, die die Soldatinnen und Soldaten des Eurokorps physisch und psychisch vorbereiteten. Daran waren auch stets Reservisten beteiligt. Höhepunkt des Jahres war die Großübung „Steadfast Jaguar" auf den Kapverdischen Inseln. Oberstleutnant Held, Leiter der Unterstützungsgruppe DDO Eurokorps, schrieb in seinem Jahresrückblick: „Diese Übung fand unter ungewohnten klimatischen Bedingungen und in selbst zu schaffender Infrastruktur statt und führte alle Soldaten an ihre Leistungsgrenzen."

Im Jahr 2007 stand das Eurokorps seit zwei Jahren unter der Führung des belgischen Generalleutnants Charles-Henri Delcour, der zuvor zwei Jahre Chef des Stabes gewesen war. Es war aktuell wie folgt gegliedert:

* die Deutsch-Französische Brigade, unterstellt für Ausbildung, Übungen und Einsatz
* 10. (DEU) Panzerdivision mit zwei Brigaden
* État-Major des Forces (FRA, rotierend) mit zwei Brigaden
* Commandement Operationel Land (BEL) mit einer bis zwei Brigaden und einer Luxemburger Einheit
* 1. (ESP) Panzergrenadierdivision mit zwei Brigaden
* Multinationale Führungs- und Unterstützungsbrigade (MNCS)

Das Personal: 959 Soldaten zuzüglich elf Soldaten von entsendenden Staaten (Österreich, Kanada, Griechenland, Italien, Polen, Türkei).

Neuer Leiter der Unterstützungsgruppe DDO Eurokorps wurde zum 1. Juni 2007 Oberstleutnant Klaus Petermann. Das Eurokorps stellte sich in dem Jahr einer Menge Herausforderungen. Das erste Halbjahr war bestimmt durch die Nachbereitungen der NRF Standby Phase, welche am 10. Januar 2007 endete. Das weitere Jahr war durch kleinere Übungen bestimmt, an denen auch stets Reservisten beteiligt waren. Höhepunkt des Jahres war die Großübung „Common Tenacity" in Wildflecken, einem Ort in Unterfranken (Bayern). „Ein langes und ereignisreiches Jahr neigt sich dem Ende entgegen", resümierte zum Jahresende der Leiter der Unterstützungsgruppe DDO Eurokorps.

Im Jahre 2008 galt es, neue Aufträge, kleinere Übungen sowie die Übung „Common Effort 08" zu bewältigen. Dabei konnte die Unterstützungsgruppe Dienstältester Dienstältester Deutscher Offizier (DDO) auf die Unterstützung der Reservisten zählen, da sie stets bei den Übungen beteiligt waren und in ihrer Funktion üben konnten. Während der Übung „CP Training II/08" am 7. und 8. Juni 2008 führte der deutsche Anteil Eurokorps eine Informationsveranstaltung für die Angehörigen der Reserve durch. Die Veranstaltung diente unter anderem dazu, das Eurokorps näher kennenzulernen und über aktuelle Entwicklungen im deutschen Heer sowie die neue Reservistenkonzeption und deren Umsetzung zu informieren. Zur Veranstaltung wurden, wie der Dienstälteste Deutsche General, Brigadegeneral Georg Nachtsheim, seit 3. September 2007 Chef des Stabes (COS), in seinem Einladungsschreiben mitteilte, Vertreter vom Personalamt der Bundeswehr, der Stammdienststelle der Bundeswehr und vom Leitkreiswehrsatzamt Saarlouis eingeladen.

Das Jahr 2009 folgte mit neuen Herausforderungen, wie beispielsweise den Übungen European Endeaver vom 3. Mai bis 16. Mai 2009 und Common Tenacity vom 9. bis 27. November, beide in Wildflecken, und dem am 25. September des Jahres stattfindenden Change of Command des Eurokorps, mit dem Deutschland für die nächsten zwei Jahre den Kommandierenden General stellen sollte.

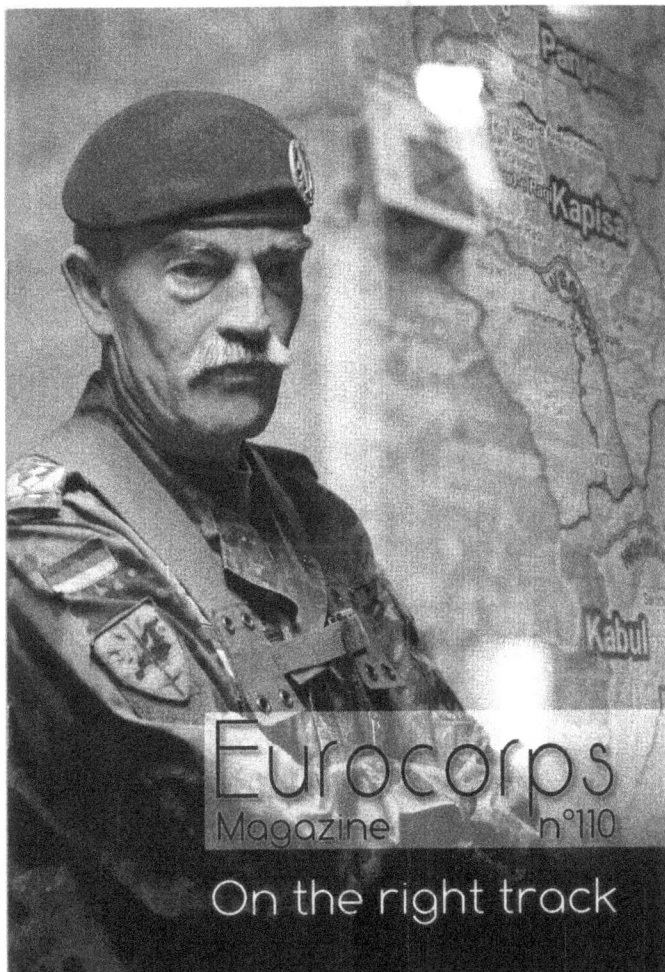

Titelseite des Eurokorps-Magazins mit dem Konterfei von General Hans-Lothar Domröse.

Im zweiten Halbjahr 2010 stellte das Eurokorps seine Kräfte für den NATO-Auftrag NRF 15 zur Verfügung. 2012 entsandte es 275 Offiziere, Unteroffiziere und Mannschaften in das International Joint Command nach Kabul. Dies war der vierte Einsatz des Eurokorps.

1. Juni 2011. Fotos (2): Vincent Bordignon/Eurokorps

Generalmajor Walter Spindler (links) bei einer Zeremonie am 24. Januar 2012.
Foto: Vincent Bordignon/Eurokorps

Einladung zum Kommandowechsel am 1. Juli 2011. Sammlung Blazek

4. Januar 2012: ISAF. Foto: Vincent Bordignon/Eurokorps

12. September 2012. Foto: Vincent Bordignon/Eurokorps

Zwei erstklassige Militärmusikkorps präsentierten am 23. Oktober 2012 ein abwechslungsreiches und abendfüllendes Programm. Und das alles für einen guten Zweck. Es war ein Benefiz-Konzert zugunsten der Hilfsorganisationen Afrane und KinderBerg International, die sich für die Interessen der Kinder und schwangerer Frauen in Afghanistan einsetzen. Ausgerichtet wurde das Konzert vom Eurokorps in Straßburg unter der Leitung von Generalmajor Walter Spindler, der im Vorfeld darauf hinwies, dass die humanitäre Lage in Afghanistan dringend verbessert werden müsste. Hauptakteure des kulturellen Ereignisses waren das Luftwaffenmusikkorps 2 aus Karlsruhe und die Musique de l'Arme Blindée Cavalerie aus Montigny-Les-Metz. Was an dem Abend im Veranstaltungszentrum am Platz Dauphin dargeboten wurde, war Klassik vom Feinsten. Generalmajor Walter Spindler (Mitte) übergab jeweils 2520 Euro an die Assistentin der Geschäftsleitung von KinderBerg, Angela Radovanovic, und Afrane-Präsident Etienne Gilles. Fotos: Vincent Bordignon/Eurokorps

Das zweite Kontingent des Eurokorps kam am 17. Januar 2013 gut zuhause an. Eine amerikanische Maschine vom Typ C-17 („Nato-Airbridge") flog 46 Soldaten, die nahezu ausschließlich für ein halbes Jahr in Afghanistan waren, zu ihrem Heimatstandort Straßburg zurück. Darunter waren 18 deutsche Soldaten und außerdem Franzosen, Belgier, Spanier sowie der luxemburgische Soldat Adjudant-major Mathias Thielen.

Eine kleine Unwegsamkeit war bei der Rückkehr allerdings in Kauf zu nehmen. Wegen technischen Defekts flog die Maschine mit einer zwölfstündigen Verspätung in Kabul um 12 Uhr mitteleuropäischer Zeit ab. Zielort war die Airbase in Ramstein-Miesenbach. Das Empfangskomitee unter der Leitung von Generalmajor Walter Spindler, dem stellvertretenden Kommandierenden General des Eurokorps, stand bereit. Jeder Soldat wurde persönlich von Generalmajor Spindler begrüßt. Oberfeldwebel Pierre Dammertz, Lagezentrum und Familienbetreuungsstelle, berichtet: „Vor Ort in Ramstein hatten wir noch ein Abendessen organisiert. Alle Soldaten haben dort ein Rundum-Wohlfühlpaket erhalten." Von Ramstein aus führte die Weiterreise mit dem Militärbus nach Frankreich, wo dieser im Quartier Lizé um 23.20 Uhr eintraf. Beim Eurokorps erwartete die heimkehrenden Soldaten ein Mitternachtsimbiss. Die deutschen Heimkehrer sind nach ihrer Rückkehr in den Urlaub gegangen. Nun fehlten noch 59 Soldaten vom zweiten Kontingent, die planmäßig am 24. Januar eintrafen.

Die Nato-Airbridge ist sicher auf der Airbase in Ramstein-Miesenbach gelandet.
Foto: StUffz Michael Lasarew, PAO Stab Eurokorps

Generalmajor Walter Spindler (links) nimmt jeden der aus der Maschine aussteigenden heimkehrenden Soldaten in Empfang. Fotos: StUffz Michael Lasarew, PAO Stab Eurokorps

Innige Begrüßung nach langer Abwesenheit.
Fotos: StUffz Michael Lasarew, PAO Stab Eurokorps

In Straßburg wurde am 16. Januar 2013 ein Vertrag unterzeichnet, der die Zusammenarbeit zwischen dem Eurokorps und dem Institut für politische Studien
Straßburg (IEP) auf eine neue Grundlage stellen sollte. Der Direktor des IEP,
Professor Sylvain Schirmann, und der stellvertretende Kommandierende General des Eurokorps, Generalmajor Walter Spindler, unterzeichneten sowohl eine

französische als auch eine englische Version des Vertrags. Mit am Tisch saß Anne Klebes-Pelissier, Vizepräsidentin der internationalen Beziehungen der Universität von Straßburg. „Es ist für die Nationen des Eurokorps von großem Interesse, Praktikanten des IEP zu Gast zu haben und Ideen auszutauschen", sagte Generalmajor Spindler. Diese würden je nach Bedarf zwischen drei und sechs Monaten aufgenommen. Professor Schirmann unterstrich: „Aber auch die Soldaten des Eurokorps besuchen Lehrgänge beim IEP."

Beim Unterzeichnen (von links): Generalmajor Walter Spindler, Anne Klebes-Pelissier und Institutsdirektor Sylvain Schirmann. Foto: StUffz Michael Lasarew, PAO Stab Eurokorps

Die Feierlichkeiten zum 20. Geburtstag des Eurokorps fanden am 31. Januar 2013 in Straßburgs Innenstadt statt. Unter den Gästen waren Straßburgs Bürger–meister Roland Ries, der Präfekt der Region Elsass und Präfekt von Bas-Rhin, Stéphane Bouillon, Generalleutnant Olivier de Bavinchove, Kommandierender General des Eurokorps, Staatsminister für Kriegsveteranen beim französischen Minister der Verteidigung Kader Arif und der belgische Verteidigungsminister, Pieter De Crem. De Crem sagte im Zuge der vorangegangenen Pressekonferenz: „L'Eurocorps est quelque chose dont on a besoin." (Das Eurokorps ist etwas, was man braucht.) Die Fragen bei der Pressekonferenz betrafen vor allem den nunmehr abgeschlossenen Einsatz des Eurokorps in Afghanistan. Den Fahnen-aufmarsch bei der Parade leisteten die fünf Rahmennationen Deutschland, Frankreich, Belgien, Spanien und Luxemburg. Im Anschluss gab es eine Sere-nade auf dem Place Broglie und einen Empfang in der Villa des Kommandie-renden Generals.

Fotos vom 20. Geburtstag des Eurokorps am 31. Januar 2013.
Fotos: Michael Lasarew/Eurokorps

Fotos vom 20. Geburtstag des Eurokorps am 31. Januar 2013.
Fotos: Michael Lasarew (oben), Vincent Bordignon/Eurokorps

© (2013) Bordignon V. Eurocorps

Fotos vom 20. Geburtstag des Eurokorps am 31. Januar 2013.
Fotos: Vincent Bordignon/Eurokorps

Fotos vom 20. Geburtstag des Eurokorps am 31. Januar 2013.
Fotos: Vincent Bordignon/Eurokorps

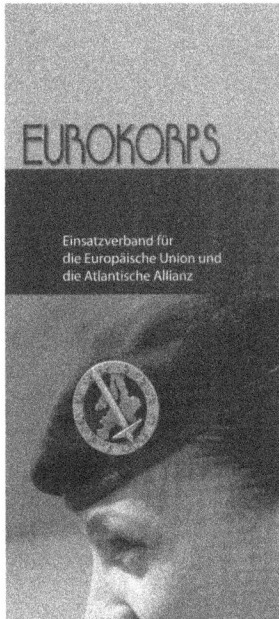

Faltblatt mit Informationen über das Eurokorps.
Repro: Blazek

Kommandierende Generale des Eurokorps sind bislang gewesen:

Generalleutnant Helmut Willmann (DEU) von 1993 bis 1996
Generalleutnant Pierre Forterre (FRA) von 1996 bis 1997
Generalleutnant Leo Van den Bosch (BEL) von 1998 bis 1999
Generalleutnant Juan Ortuño Such (ESP) von 1999 bis 2001
Generalleutnant Holger Kammerhoff (DEU) von 2001 bis 2003
Generalleutnant Jean-Louis Py (FRA) von 2003 bis 2005
Generalleutnant Charles-Henri Delcour (BEL) von 2005 bis 2007
Generalleutnant Pedro Pitarch (ESP) von 2007 bis 2009
Generalleutnant Hans-Lothar Domröse (DEU) von 2009 bis 2011
Generalleutnant Olivier de Bavinchove (FRA)
von 2011 bis 2013
Generalleutnant Guy Buchsenschmid (BEL)
von 2013 bis 2015
Generalleutnant Alfredo Ramírez (ESP)
von 2015 bis 2017

Die Führung des Eurokorps 2011-2013

Lieutenant General Olivier de Bavinchove
Kommandierender General des Eurokorps seit 1. Juli
2011 (Foto rechts: Vincent Bordignon)

Generalmajor Walter Spindler
Stellvertretender Kommandierender General des Eurokorps seit 28. Juni 2011

Der Kommandierende General des Eurokorps (COMEC = Commander Eurocorps) hat den Dienstgrad eines Generalleutnants (Dreisterne-General nach NATO-Klassifizierung). Sein Stellvertreter, der DCOM (Deputy Commander), ist stets ein Generalmajor (zwei Sterne). Der Stab des Eurokorps wird geführt vom Chef des Stabes (COS = Chief of Staff) im Dienstgrad eines Generalmajors (zwei Sterne) oder Brigadegenerals (ein Stern). Ihm zur Seite stehen drei Hauptabteilungsleiter im Dienstgrad Brigadegeneral, und zwar der Hauptabteilungsleiter Einsätze (DCOS OPS = Deputy Chief of Staff Operations), der Hauptabteilungsleiter Unterstützung (DCOS SPT = Deputy Chief of Staff Support) und der Hauptabteilungsleiter Ausbildung & Ressourcen (DCOS T&R = Deputy Chief of Staff Training & Resources).

Anschrift

Stab des Eurokorps
Quartier Aubert de Vincelles
4 Rue du Corps Européen
BP 70082
F-67020 STRASBOURG
Tel. 0033 388 43 2385
Fernsprechnetz der Bundeswehr: 90 9533 821 676 2385
Fax 0033 388 43 2005
E-Mail: pressinfo@eurocorps.org

Das Eurokorps – Einsatzorientierung und gelebte Multinationalität

Im Lauf der Zeit hat es immer wieder zusammenfassende Darstellungen über das Eurokorps gegeben. Besonders hervorzuheben ist darunter ein ausführlicher Beitrag aus dem Jahr 2013. Oberstleutnant Hagen Messer, damals Pressestabsoffizier des Eurokorps, hatte eine tiefgründige Darstellung für das „Schwarze Barrett", die Zeitschrift des „Freundeskreises der Offiziere der Panzertruppe", verfasst, die an dieser Stelle als besondere Handreichung in das Buch einfließen soll.

1. Das Eurokorps – ein Überblick

Gerade in den Streitkräften gewinnt die Arbeit im multinationalen Rahmen immer mehr Bedeutung. Die Auslandseinsätze der letzten Jahre unterstreichen in vollem Umfang, welche Herausforderungen sich der Soldat im multinationalen Umfeld stellen muss. Interkulturelle Kompetenz ist nicht nur im Umgang mit der Zivilbevölkerung der Einsatzländer gefordert, sondern auch im Umgang mit den multinationalen militärischen Partnern. Abstimmung, Koordination, Führungs- und Sprachkompetenz sind im multinationalen Umfeld der Schlüssel zum Erfolg.

Das Eurokorps nimmt hinsichtlich Multinationalität eine prominente Vorreiterrolle in Europa ein. Das Drei-Sterne-Kommando ist mit Soldaten aus neun Nationen vollständig multinational aufgestellt und kann als Einsatzstab auch kurzfristig in einen Einsatz verlegen.

Im Jahre 1992 auf Initiative Frankreichs und der Bundesrepublik Deutschland gegründet, verfügte das Eurokorps von Anfang an über eine anderen Staaten offenstehende Organisationsstruktur, die sich ständig an die Entwicklungen der geopolitischen und geostrategischen Lage anpasst.

Mit seinen personellen und materiellen Mitteln kann das Eurokorps Aufgaben in einem breiten Einsatzspektrum erfüllen. Neben der Beteiligung an der im Grundsatz bestehenden gemeinsamen Landes- und Bündnisverteidigung der Truppen stellenden Nationen und im Rahmen der Atlantischen Allianz ist der Stab in der Lage, folgende Aufträge zu führen:

- humanitäre Aufgaben und Evakuierung von Staatsbürgern,
- Friedenssicherung,
- Entsendung von Kampftruppen zur Krisenbewältigung, einschließlich der Maßnahmen zur Wiederherstellung des Friedens.

Der Einsatz des Eurokorps kann aufgrund eines Mandats

- der Vereinten Nationen (VN),
- des Nordatlantikvertrags (NATO),
- der Europäischen Union (EU) sowie
- aufgrund eines gemeinsamen Beschlusses seiner Rahmennationen (Deutschland, Frankreich, Spanien, Belgien und Luxemburg) erfolgen.

Multinationale Abstimmung.

Das Eurokorps ist sowohl zur Durchführung von Anfangsoperationen in einem Einsatzgebiet als „Initial-Entry-Force" als auch zur Führung von Landstreitkräften in einem Umfang von bis zu 65.000 Mann befähigt.

Der Zeitraum 2011 bis 2013 steht bzw. stand im Zeichen von drei wesentlichen Herausforderungen, in denen sich die spezifischen Merkmale des Eurokorps widerspiegeln:

- der Einsatz in Afghanistan im Rahmen der International Security Assistance Force (ISAF) 2012 und 2013,
- der Aufwuchs des polnischen Anteils,
- die mögliche Erweiterung des Einsatzspektrums, um bis 2014 die unbeschränkte Fähigkeit zum Einsatz als Joint Task Force (JTF) zu erwerben.

Seit dem 1. Juli 2011 wird das Eurokorps durch den französischen Generalleutnant Olivier de Bavinchove als Nachfolger des deutschen Generalleutnants Hans-Lothar Domröse geführt.

2. Einsatzorientierung und kurzfristige Verlegbarkeit

Das Eurokorps besteht aus zwei wesentlichen Organisationsbereichen:

- dem Stab mit einer Personalstärke von ungefähr 400 Soldatinnen und Soldaten sowie
- der knapp 800 Personen umfassenden Multinationalen Führungsunterstützungsbrigade, welche die gesamte Unterstützung hinsichtlich Kommunikation und Logistik sowohl im Grundbetrieb als auch im Einsatz gewährleistet.

NRF-Zertifizierung auf den Kapverdischen Inseln, 2006.

Als Stab mit einem hohen Maß an Einsatzerfahrung ist das Eurokorps seit 2002 als High Readiness Force (HRF) und seit 2006 als NATO Response Force (NRF) zertifiziert. Diese Zertifizierungen wurden nach Abschluss eines anspruchsvollen Prüfverfahrens erlangt, das zahlreiche Ausbildungseinheiten und Validierungsübungen im Gelände umfasste, so beispielsweise die NRF-Zertifizierungsübung auf den Kapverdischen Inseln im Jahr 2006. Tatsächlich verfügt das Eurokorps über die komplette erforderliche Ausrüstung, um auch kurzfristig in den Einsatz verlegen zu können.

Seit seiner Aufstellung 1992 wurde das Eurokorps viermal in den Einsatz verlegt:

- Der erste Einsatz fand 1997/1998 unter NATO-Führung in Form einer Beteiligung an der Stabilization Force (SFOR) in Bosnien-Herzegowina statt.
- 2002 bildete das Eurokorps den Kern des Hauptquartiers der in den Kosovo verlegten Einsatzkräfte (Kosovo Force / KFOR).

85

- Von August 2004 bis Februar 2005 übernahm das Eurokorps das Kommando über die 6.500 Soldatinnen und Soldaten, die in Afghanistan die Internationale Schutztruppe ISAF bildeten.

- Von Januar 2012 bis Januar 2013 wurde das Eurokorps zum vierten Mal in den Einsatz verlegt, um als Teil der Kommandostruktur ISAF erneut eine aktive Rolle in Afghanistan zu übernehmen. Das Eurokorps stellte hauptsächlich Teile des ISAF Joint Command (IJC) und des Headquarters ISAF (HQ ISAF) in Kabul.

Schließlich war das Eurokorps zweimal am Bereitschaftszyklus der NATO (2006 und 2010) eingebunden. Hierzu absolvierte es eine außerordentlich gründliche und spezifische Vorbereitung, um die Befähigung zur Durchführung aller Arten von Einsätzen zu erwerben.

3. Die Organisationsstruktur

Die Stabsgliederung des Eurokorps entspricht dem NATO-Standard.

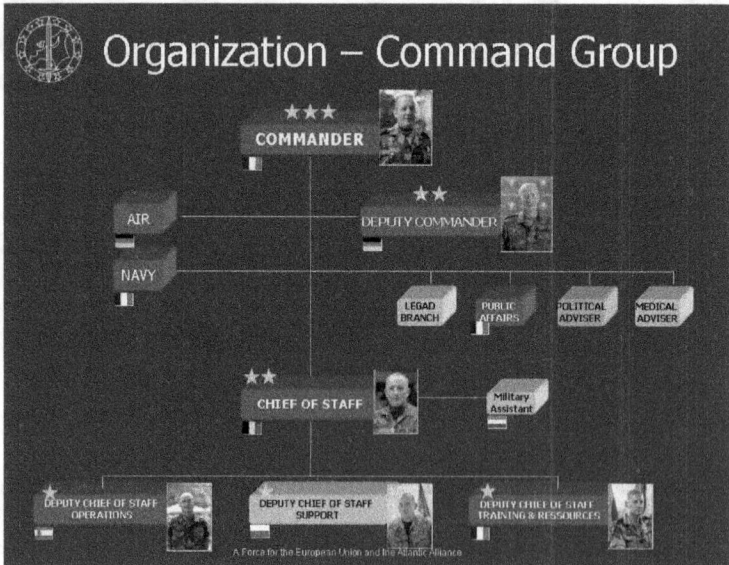

Gliederung der Command Group.

Neben der Command Group ist sein Stab in drei große Bereiche mit jeweils einem General an der Spitze unterteilt, die aus allen für einen Einsatz notwendigen Abteilungen bestehen.

Die abgebildeten Funktionen reichen demgemäß von der Personalverwaltung über die Operationsplanung und -führung, Nachrichtenwesen, Logistik, Übungen und Bewirtschaftung der Haushaltsmittel bis hin zur zivil-militärischen Zusammenarbeit.

Aufgrund der dem Eurokorps ständig zugeordneten Verbindungsoffiziere der See- und Luftstreitkräfte verfügt es über die Fähigkeit, sich bei Übungs- bzw. Einsatzplanung mit streitkräftegemeinsamen Anteilen abzustimmen.

Bereits in Friedenszeiten sind dem Kommandierenden General Eurokorps zwei Großverbände ständig unterstellt:

- die Multinationale Führungsunterstützungsbrigade, welche die dem Hauptquartier des Eurokorps zugewiesenen Fernmelde- und Unterstützungstruppenteile führt sowie
- die Deutsch-Französische Brigade, für deren In-Übunghaltung das Eurokorps verantwortlich ist. Im Falle eines Einsatzes bildet sie die Initial Entry Force des Eurokorps.

Parallel dazu haben sich die Framework-Nationen verpflichtet, je nach Auftrag weitere Einheiten bereitzustellen. Hierbei handelt es sich um maximal rund 65.000 Soldaten. Zusätzlich zur Deutsch-Französischen Brigade ist dies je ein Divisionsäquivalent aus Deutschland, Spanien und Frankreich, eine belgische Brigade und eine luxemburgische Kompanie.

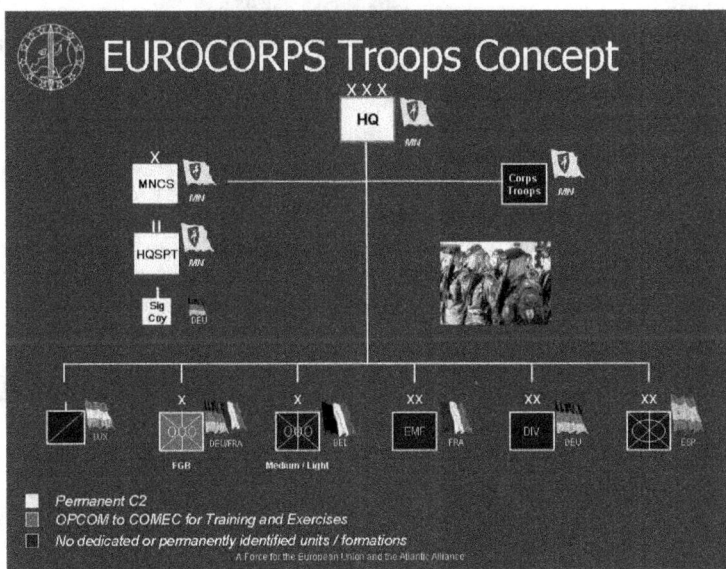

Rahmennationen stellen Truppen.

4. Gelebte Multinationalität

2013 – Das Eurokorps feiert seinen 20. Geburtstag!

Die Aufstellung des Eurokorps kann als ein Ergebnis des am 22. Januar 1963 vom französischen Präsidenten General de Gaulle und Bundeskanzler Konrad Adenauer unterzeichneten Elysée-Vertrags betrachtet werden. In diesem Vertrag, der das Ziel hatte, die deutsch-französischen Beziehungen zu stärken, verpflichteten sich die beiden Länder, auch im Rahmen der Verteidigung zusammenzuarbeiten. Parallel zur politischen Annäherung stellten beide Länder den Austausch von Personal zwischen den jeweiligen Streitkräften und die Zusammenarbeit im Rahmen der Rüstungsindustrie in Aussicht.

Im Jahre 1987 entschieden sich François Mitterrand und Helmut Kohl, die militärische Zusammenarbeit zwischen Frankreich und Deutschland zu intensivieren: Sie gaben die Schaffung des deutsch-französischen Verteidigungs- und Sicherheitsrates bekannt, der seinerseits 1989 die Bildung der Deutsch-Französischen Brigade erlaubte.

Die beiden Staats- und Regierungschefs waren daran interessiert, ihre gemeinsame Vision einer militärischen Zusammenarbeit zwischen europäischen Partnern auszubauen. Am 14. Oktober 1991 teilten die beiden Staats- und Regierungschefs dem Präsidenten des Europarates in einem gemeinsamen Brief ihre Absicht mit, die militärische Zusammenarbeit zu verstärken. Sie legten den Grundstein für ein europäisches Armee-Korps, an dem auch die anderen Mitglieder der Europäischen Union teilnehmen können sollten.

Am 22. Mai 1992 entschieden Mitterrand und Kohl auf dem Gipfel von La Rochelle formal, das Eurokorps aufzustellen. Der deutsche Generalleutnant Helmut Willmann wurde am 1. Oktober 1993 zum Kommandierenden General ernannt. Die offizielle Zeremonie zur Aufstellung erfolgte in Anwesenheit der Verteidigungsminister der drei damals teilnehmenden Nationen Deutschland, Frankreich und Belgien am 5. November 1993 in Straßburg, dem Standort des Eurokorps.

Multinationalität

Obwohl die entsprechende Initiative ursprünglich von Frankreich und der Bundesrepublik Deutschland ausging, stand das Eurokorps von Anfang an allen übrigen Ländern der Europäischen Union offen, so dass in den folgenden Jahren Belgien (1993), Spanien (1994) und Luxemburg (1996) beitraten.

Diese fünf Länder bilden die „Rahmennationen" des Eurokorps. In dieser Eigenschaft fassen sie gemeinsam alle grundlegenden Beschlüsse bezüglich Betrieb und Einsatz des Eurokorps. So verantworten sie die personelle und finanzielle Ausstattung sowie die Ausrüstung.

Diese Fünf verfügen somit über ein Einsatzinstrumentarium, dessen Kosten sowohl in personeller als auch in finanzieller Hinsicht effizienter als in jedem anderen Armeekorps in Europa aufgeteilt werden.

Die Fahnen der Rahmennationen.

Die Befehlsgewalt wird im turnusmäßigen Wechsel für die Dauer von jeweils zwei Jahren von einem Generalleutnant einer dieser Nationen ausgeübt.

Seit Sommer 2011 ist der Stellvertreter von Generalleutnant Olivier de Bavinchove der deutsche Generalmajor Walter Spindler. Die Funktion des Chefs des Stabes nimmt der belgische Generalmajor Guy Buchsenschmidt wahr.

Griechenland, Italien, Polen und die Türkei sind „assoziierte Nationen". Ihnen steht eine begrenzte Anzahl an Dienstposten im Eurokorps zu, jedoch haben sie keine Entscheidungsbefugnis, was den Betrieb und den Einsatz betrifft, auch wenn sie vorab zum Abstimmungsprozess konsultiert werden.

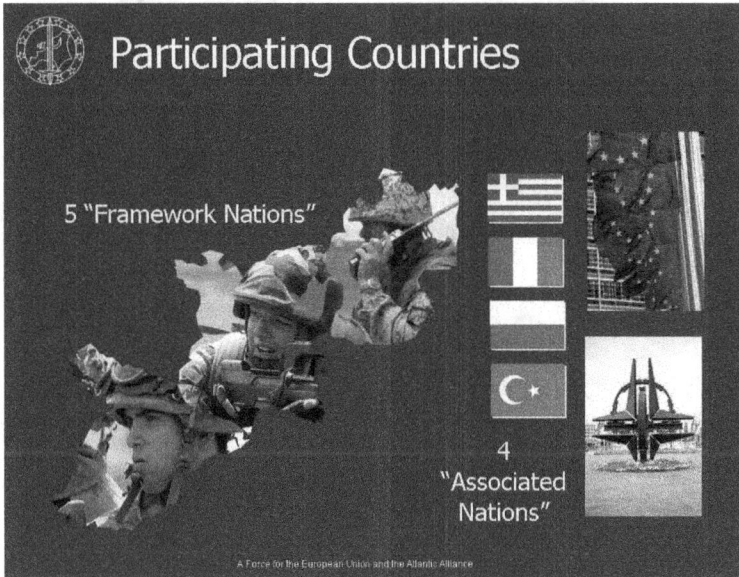

Framework Nations und Associated Nations.

Polen wird ab 1. Januar 2016 als sechste Rahmennation hinzukommen. Hierzu erhöht Polen schrittweise seine Personalstärke bis auf 120 Personen und ersetzt in gewissem Umfang militärisches Personal anderer Rahmennationen.

Auch rumänische und US-amerikanische Offiziere werden demnächst als Vertreter assoziierter Nationen ihren Dienst im Eurokorps aufnehmen, die Abstimmungsgespräche wurden aufgenommen und sind in vollem Gange.

Multinationalität im Grundbetrieb: ein wesentlicher Pluspunkt für den Einsatz

Der umfassende Beitrag jeder Rahmennation im Verhältnis zu ihren jeweiligen Möglichkeiten sowie die uneingeschränkte Einbindung in die Organisationsstruktur stehen beispielhaft für den multinationalen Charakter des Eurokorps. Die Arbeitssprache ist Englisch.

Da Einsätze zumeist im multinationalen Rahmen eingebettet sind, sind die Soldaten des Eurokorps besonders in der Lage, sich an die entsprechenden Erfor-

89

dernisse anzupassen. Sie bringen damit den nicht zu unterschätzenden Vorteil ihrer sozialen und fachlichen Kompetenz in die Zusammenarbeit ein, da Multinationalität für sie täglich gelebte Wirklichkeit darstellt.

Über Sprachgrenzen hinweg ...

Da die Soldaten dem Eurokorps durch die Mitgliedsstaaten entsandt werden, behalten sie zwar die Uniform ihres Landes und den betreffenden nationalen Status bei, tragen aber ein einheitliches dunkelblaues Barett mit dem Abzeichen des Eurokorps als Symbol echter Multinationalität.

Das Barett als Erkennungszeichen.

5. Sonderstatus des Eurokorps

Für das Eurokorps charakteristisch sind seine Unterstellung und sein Status.

Das „Gemeinsame Komitee" der Rahmennationen

Das Eurokorps wird gemeinsam von den Rahmennationen geführt, d. h. alle wesentlichen Entscheidungen werden nach dem Konsensprinzip in den Hauptstädten Deutschlands, Belgiens, Spaniens, Frankreichs, Luxemburgs und demnächst Polens getroffen.

Der Kommandierende General des Eurokorps erhält seine Weisungen direkt vom „Gemeinsamen Komitee" / „Common Comittee", das sich aus den Generalstabschefs der Streitkräfte und den politischen Direktoren der Außenministerien jeder Nation zusammensetzt.

90

Somit ist das Gemeinsame Komitee das höchste Beschlussorgan für alle wichtigen Entscheidungen über das Eurokorps, insbesondere wenn es um die Bereitstellung von Truppen für einen Einsatz oder die Beschaffung von Material und Ausrüstung geht.

Das Common Committee.

In einem vom Gemeinsamen Komitee im Vorfeld festgelegten und genehmigten Rahmen kann der Kommandierende General des Eurokorps die von ihm für nötig erachteten Kontakte zu verschiedenen zivilen bzw. militärischen supranationalen Organisationen aufnehmen.

Ein durch den Straßburger Vertrag begründeter Sonderstatus

Der einzigartige Charakter des Eurokorps wird durch einen Sonderstatus noch hervorgehoben.

Am 22. November 2004 haben die zivilen Vertreter der fünf Rahmennationen den sogenannten „Straßburger Vertrag" über das Eurokorps und die Rechtsstellung seines Hauptquartiers unterzeichnet.

Dieses von jeder Rahmennation ratifizierte Dokument trat am 26. Februar 2009 in Kraft.

Die Materialausstattung des Eurokorps gehört auch dem Eurokorps.

Der Straßburger Vertrag legt – neben zahlreichen Verwaltungsvorschriften – nochmals den Einsatzrahmen und den Auftrag des Eurokorps sowie seine Unterstellung und die Befugnisse des Kommandierenden Generals fest. Vor allem aber verleiht es dem Korps seine eigene Rechts- und Geschäftsfähigkeit. Dadurch besitzt das Eurokorps ausdrücklich eine vollständige Eigenständigkeit, z.B. auch bei der Veräußerung von Vermögenswerten.

Das Eurokorps ist Eigentümer seiner Infrastruktur, kann Material beschaffen oder gegebenenfalls auch Zivilpersonal einstellen.

Hierin begründet liegt die Einzigartigkeit des Drei-Sterne-Kommandos.

6. Straßburg – im Herzen Europas

Seit 1992 ist das Eurokorps in Straßburg, einer „Hauptstadt Europas", stationiert, wo insbesondere der Europarat mit seinen 47 diplomatischen Vertretungen, der Europäische Gerichtshof für Menschenrechte sowie das Europaparlament ihren Sitz haben.

Bild oben: Reizvolle Straßburger Altstadt,
darunter: das Straßburger Münster, ein weithin sichtbares Symbol.

Die Stadt Straßburg hat hochwertigste akademische Bildungseinrichtungen und befindet sich zudem unweit der Entscheidungszentren der Europäischen Union und der NATO sowie der in Deutschland stationierten amerikanischen höheren Kommandos.

Das Eurokorps ist beim Tag der offenen Tür des Europaparlaments mit von der Partie.

Diese optimale geographische Lage ermöglicht zahlreiche Kontakte mit unterschiedlichen Partnern sowohl auf politischer, akademischer wie auch militärischer Ebene. Straßburg ist somit eine Drehscheibe des internationalen Dialogs.

Neben ihren zahlreichen Vorzügen inmitten einer aktiven, weithin bekannten und beliebten Region ist Straßburg eine attraktive Garnisonsstadt für Soldaten der verschiedensten Nationalitäten.

Das Eurokorps und Straßburg

Das Eurokorps verteilt sich auf zwei Hauptliegenschaften und eine Nebenliegenschaft.

Im Quartier Aubert de Vincelles – auf einer Fläche von rund 15 Hektar südlich des Straßburger Flugplatzes gelegen – ist der Stab des Eurokorps und der Stab der Multinationalen Führungsunterstützungsbrigade untergebracht.

Zwischen den Straßburger Stadtvierteln Meinau und Neuhof befindet sich das ca. sieben Hektar große Quartier Lizé, das hauptsächlich das Stabs- und Unterstützungsbataillon des Hauptquartiers beherbergt. Ihm gegenüber, auf einer Fläche von etwa zwei Hektar, befindet sich das Quartier Lyautey mit Unterkünften für die Soldaten.

Das Eurokorps stellt einen erheblichen lokalen und regionalen Wirtschaftsfaktor dar. So werden 50 % der jährlichen Betriebskosten, d. h. 6 bis 7 Millionen Euro, für von Bau-, Reinigungs- und Wachfirmen usw. erbrachte Dienstleistungen aufgewendet. Darüber hinaus kommen die Ausgaben der Mitglieder des Eurokorps und von deren Familienangehörigen, insgesamt knapp 3000 Personen, sowohl dem Wohnungsmarkt als auch dem Einzelhandel in Straßburg und Umgebung zugute. Die Beschulung der Kinder ist zudem ein nicht unwesentlicher Faktor für das „Lycée international", aber auch für andere schulische Einrichtungen.

Das Quartier Aubert de Vincelles von der Luft aus gesehen.

Ein Teil des Stabes des Eurokorps ist in einem historischen Gebäude untergebracht.

Das Haupttor des Quartiers Aubert de Vincelles.

Zukunftsorientierung

Anpassungsfähigkeit und Offenheit als Geisteshaltung

Bereits vom Gründungsgedanken her stand das Eurokorps insbesondere den Mitgliedsstaaten der Europäischen Union offen.

Seit seiner Gründung ist das Eurokorps stets bestrebt, an der Spitze der durch den geopolitischen und strategischen Wandel vorgegebenen Entwicklungen zu stehen. Dabei wirkt es innerhalb der NATO bei der Bildung und dem Ausbau einer europäischen Verteidigung- und Sicherheitsidentität mit. 1999 haben EU und NATO gemeinsam ihren Wunsch nach weiter entwickelten Instrumentarien zur Krisenbewältigung und damit zu einer fachspezifischen Weiterentwicklung zum Ausdruck gebracht. Das Eurokorps hat die Notwendigkeiten einer neuen militärischen Ausrichtung erkannt und sich durch weitere Ausbildung und Strukturanpassung zum Hauptquartier eines Korps der schnellen Eingreifkräfte (Rapid Reaction Corps) weiterqualifiziert.

Weiterentwicklung zum streitkräftegemeinsamen Force Headquarters

Die NATO hat mit der Überarbeitung ihrer Kommandostruktur begonnen. Bislang sind die Stäbe der Korpsebene, die zur NATO-Streitkräftestruktur gehören, auf die Planung und Durchführung von jeweils Land-, See- oder Luftoperationen spezialisiert und besitzen lediglich die Fähigkeit, sich untereinander abzustimmen.

Die aktuellen und zukünftigen Operationen erfordern einen erhöhten Bedarf an Stäben, die im gesamten Aufgabenspektrum einsetzbar sind. Die betreffenden Stäbe müssen daher zukünftig befähigt sein, die Führung eines streitkräftegemeinsamen Einsatzverbandes – bestehend aus einer Hauptkomponente (Heer,

95

Luftwaffe oder Marine) und einer weiteren Komponente, die sich aus Truppenteilen der beiden anderen Teilstreitkräfte zusammensetzt – zu übernehmen.

Für das Eurokorps geht es folglich darum, zusätzlich zur Führung von Landstreitkräften, auf denen weiterhin der Schwerpunkt liegen wird, auch die Befähigung zur Führung von Luft- und / oder Seestreitkräften, aber auch Spezialkräften zu erwerben.

Dies erfordert zahlreiche Anpassungen in Verfahren und Einsatzstruktur, ohne dass sich deshalb der für einen Einsatz vorgesehene Kräfteansatz erhöht. Mit den Studien zu dieser neuen Struktur wurde 2011 begonnen. Die Einübung der erarbeiteten Konzepte ist für 2013 und 2014 im Rahmen eines intensiven Übungs- und Ausbildungszyklus geplant.

Stab Eurokorps auf Übung

Weiterentwicklung durch Übung ...

Der Stab hat zur Übung verlegt ...

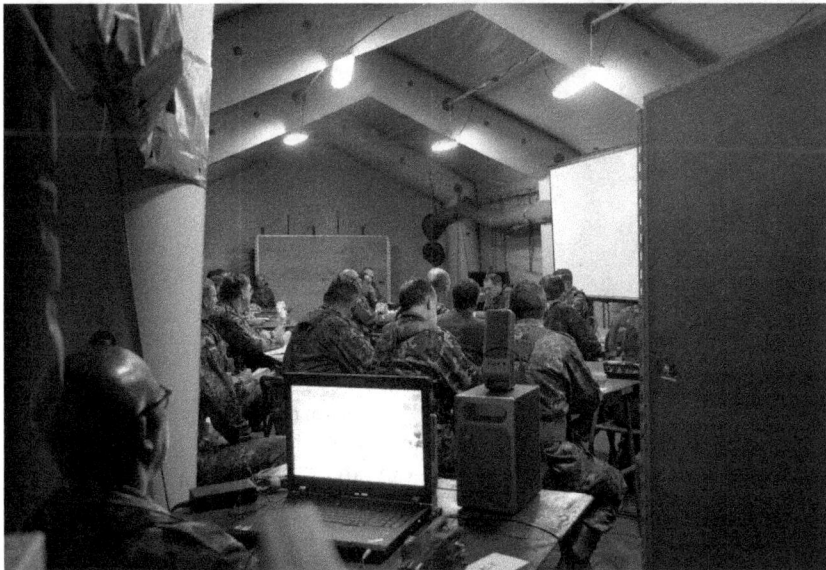

Multinationale Abstimmung als Kernpunkt der Übungen ...

Ganzheitlicher Ansatz

Die Beilegung aktueller Krisen erfordert zugleich politische und militärische Lösungen. Die Einsätze der vergangenen zwei Jahrzehnte haben diese Notwendigkeit besonders deutlich vor Augen geführt. Infolgedessen entwickeln NATO und EU eine ganzheitlich ausgerichtete Politik, die den zivilen und militärischen

Krisenakteuren – sowohl in den internationalen Gremien als auch vor Ort – die Möglichkeit zur besseren Zusammenarbeit gibt.

Das Eurokorps hat auf der Basis dieses Konzepts diesen neuen Weg mit aller Entschiedenheit eingeschlagen. So wurden enge Kontakte zur École nationale d'administration (ENA) geknüpft. Die französische Verwaltungshochschule in Straßburg ist eine Eliteschule, die französische und ausländische Spitzenkräfte für die Verwaltung unter Einbeziehung europäischer Aspekte ausbildet.

Zudem findet ein intensiver Austausch mit dem Institut d'études politiques in Straßburg statt. Intensive Verbindungen werden überdies mit deutschen Think Tanks und Ausbildungsinstituten – wie z.B. der Universität Freiburg i. Br. – sowie mit Regierungs- und Nichtregierungsorganisationen geführt.

Ziel ist es hierbei, bereits im Vorfeld von potenziellen Einsätzen die gegenseitige Kenntnis von Mentalitäten, Bedürfnissen und Arbeitsweisen zu verbessern. Das Eurokorps bindet somit auch Vertreter betreffender Organisationen in seine Übungen ein.

Die Deutsch-Französische Brigade

1987 wurde der Beschluss gefasst, die Deutsch-Französische Brigade aufzustellen; heute ein etwa 6.000 Mann starker, einsatzfähiger Großverband. Diese Entscheidung ist ein außerordentlich wichtiges Symbol der deutsch-französischen Zusammenarbeit. Die Brigade ist ein leistungsfähiger Kampftruppenverband, der dem Eurokorps seit 1993 für Einsatz und Übungen unterstellt ist. Bereits mehrfach konnte die Brigade im Einsatz auf dem Balkan und in Afghanistan ihre Leistungsfähigkeit unter Beweis stellen.

← Fahnen der symbolträchtigen DF-Brigade.

Da die Brigade auch über eigene Logistikkräfte verfügt, kann sie eigenständig operieren und bildet daher für das Eurokorps das bevorzugte Mittel für Initial-Entry-Einsätze.

Der Stab sowie das Versorgungsbataillon setzen sich aus deutschen und französischen Soldaten zusammen.

Auch aus Gründen der Effizienz im Einsatz handelt es sich bei den unterstellten Regimentern um rein nationale Truppenteile, da im Gefecht eine Verständigung innerhalb eines Verbandes in kürzester Zeit sichergestellt werden muss. Diese Methodik hat sich mehr als bewährt. Dennoch sind die Verbände darin geübt, Seite an Seite zusammenzuarbeiten und sich untereinander abzustimmen.

Die Brigade besteht aus folgenden Truppenteilen:

- Drei motorisierte Infanterie-Regimenter – die deutschen Jägerbataillone 291 und 292 und das französische 110° Régiment d'infanterie – mit gepanzerten Transportfahrzeugen und Panzerabwehrwaffen. Das Jägerbataillon 291 ist in Illkirch bei Straßburg in Frankreich stationiert und ist damit der erste militärische deutsche Verband, der seit dem Zweiten Weltkrieg dauerhaft in Frankreich stationiert ist,
- ein leichtes Panzerregiment – das französische 3° Régiment de hussards –, ausgestattet mit Radpanzern und leichten gepanzerten Aufklärungsfahrzeugen,
- ein Artilleriebataillon – das deutsche Artilleriebataillon 295 – mit 155-Millimeter-Panzerhaubitzen, die über eine große Feuerkraft verfügen. Weiterhin ist der Verband mit den entsprechenden modernen Aufklärungsmitteln (Radarsysteme und Beobachtungstrupps) ausgestattet,
- ein deutsch-französisches Versorgungsbataillon sowie
- eine Pionierkompanie – die deutsche Panzerpionierkompanie 550.

Die Brigade wird abwechselnd von einem deutschen und einem französischen General geführt. Derzeit steht mit Brigadegeneral Gert-Johannes Hagemann ein deutscher Offizier an ihrer Spitze. Sein Stellvertreter ist Colonel Wallerand de Madre.

7. Unterstützungskräfte des Eurokorps

Die Führungsunterstützungsbrigade und das Stabs-/Unterstützungsbataillon sind die Kräfte, die die spezifische Unterstützung für den Stab des Eurokorps im täglichen Dienstbetrieb, auf Übung und im Einsatz garantieren, so z.B. Versorgung, fernmelde-, IT-technische Anbindung und alle weiteren Notwendigkeiten des täglichen Bedarfs wie auch alle zur Führung der unterstellten Truppenteile erforderlichen Kommunikationsmittel.

Die multinationale Führungsunterstützungsbrigade

Der Brigadestab setzt sich aus 124 Soldaten aus allen Framework-Nationen zusammen. Die Brigade ist einem Offizier im Dienstgrad eines Obersten unterstellt, das Kommando wechselt turnusmäßig alle zwei Jahre. Derzeitiger Brigadekommandeur ist der deutsche Oberst Joachim Schreckinger.

Der Brigade sind folgende Truppenteile ständig unterstellt:

- das Stabs-/Unterstützungsbataillon HQ Eurokorps mit 413 Soldaten: Das im Quartier Lizé stationierte Bataillon verteilt sich auf einen kleinen Stab und drei in Züge gegliederte Kompanien. Das Kommando wechselt turnusmäßig alle zwei Jahre zwischen den Rahmennationen. Am 14. September 2012 übernahm der spanische Oberstleutnant Juan Gonzalez Laso de la Vega das Kommando von dem französischen Oberstleutnant Soulé Moustapha. Die einzelnen Kompanien sind im Wesentlichen multinational besetzt und bestehen aus

- einer Unterstützungskompanie, deren Auftrag die Unterstützung des Stabes des Eurokorps sowohl im Grundbetrieb als auch bei Übungen oder im Einsatz ist. Der Grundbetrieb umfasst unter anderem die Verwaltung des Personals bei Versetzungen, die Materialbewirtschaftungen, Lagerbestandsführung und Verpflegung.

- der Transport- und Instandsetzungskompanie, deren Auftrag es nicht nur ist, die Beförderung von Personal, Ausrüstung und Versorgungsgütern sicherzustellen, sondern Fahrzeuge, Fernmeldemittel und Stromerzeugungsgeräte instand zu halten.

- der Gefechtsstandkompanie, die verantwortlich ist für die Erkundung von Räumen für die Gefechtsstände und für die Einrichtung der in diesem Zusammenhang erforderlichen feldmäßigen Infrastruktur.

• die Communication Information Systems Company (CIS COY) mit 89 Soldaten und

• die in Sigmaringen (Deutschland) stationierte deutsche Fernmeldekompanie des Eurokorps (172 Soldaten), die im Zuge der Neuausrichtung der deutschen Streitkräfte in das Saarland verlegt werden wird.

Bei Übungen oder im Einsatz können der Brigade „mission tailored" weitere von den Eurokorps-Mitgliedstaaten bereitgestellte Unterstützungstruppenteile unterstellt werden.

Die Brigade hat dieselben NATO-Zertifizierungsprozesse wie der Stab durchlaufen.

Die nationalen Unterstützungskommandos (National Support Detachements) als weitere Unterstützungskräfte

Die Soldaten werden dem Eurokorps von den Mitgliedstaaten zur Verfügung gestellt. Sie behalten ihren jeweiligen nationalen Status bei. Aus diesem Grund erfolgt die spezifische Personalbearbeitung für die nationalen Anteile durch nationale Unterstützungskommandos. Es handelt sich um vier Kommandos (Deutschland, Belgien, Spanien, Frankreich) mit einer Gesamtstärke von 131 militärischen, aber auch zivilen Angehörigen.

Luxemburg und die assoziierten Eurokorps-Nationen haben zur Vereinfachung der eigenen Verwaltungsgänge entsprechende Vereinbarungen mit einem der nationalen Unterstützungskommandos geschlossen.

8. Das Eurokorps in Fakten und Zahlen

Schlüsseldaten

1992	Gründung durch Frankreich und Deutschland
1993	Beitritt Belgiens
1994	Beitritt Spaniens

1996	Beitritt Luxemburgs
1997/98	Einsatz in Bosnien-Herzegowina, Verstärkung SFOR
2000	Einsatz im Kosovo, Führung KFOR
2002	Zertifizierung als High Readiness Force (HRF)
2004/05	Einsatz in Afghanistan, Führung ISAF
2006	Zertifizierung als Nato Response Force (NRF)
2009	Ratifizierung Straßburger Vertrag – Eurokorps erhält Sonderstatus
2011	Kommandoübernahme durch den französischen Generalleutnant Olivier de Bavinchove
2012/13	Einsatz in Afghanistan, Verstärkung ISAF

Wichtigste Zahlen

Wesentliche Ausrüstung und Fahrzeuge:

- 111 aufblasbare Zelte unterschiedlicher Größe für den feld-mäßigen Einsatz,
- 90 modulare Shelter,
- 15 Stromaggregate,
- 30 taktische Geländefahrzeuge (von Frankreich gestellt),
- LKW und Schwertransportfahrzeuge

Bewaffnung:

- 9-mm-Selbstladepistolen (von Belgien gestellt),
- FAMAS-Sturmgewehre, Kaliber 5,56 (von Frankreich ge-stellt),
- Maschinengewehre MG3 (von Deutschland gestellt).

Im Januar 2012 verlegen erste Teile nach Afghanistan.

Einsatz des Eurokorps in Afghanistan 2012/2013

Der Afghanistaneinsatz des Eurokorps als Teil der NATO-geführten ISAF-Truppe wurde 2010 vom Gemeinsamen Komitee beschlossen.

101

Die Verlegung erfolgte im Rahmen des turnusmäßigen Kommandowechsels bei den verschiedenen NATO-Stäben im Einsatzland. Die Stäbe in Afghanistan werden von insgesamt 50 Staaten in Abhängigkeit von ihrer Truppenstärke und ihren jeweiligen Möglichkeiten besetzt.

Dementsprechend entfiel der größte Personalanteil in den ISAF-Stäben auf die Vereinigten Staaten, deren verantwortlicher Leitverband im Einsatzzeitraum des Eurokorps das V. (US) Corps aus Wiesbaden war. In der Einsatzvorbereitung hielten beide Korps enge Verbindung. Das Eurokorps hat über mehrere Monate eine intensive Einsatzvorbereitung absolviert. In enger Abstimmung mit dem V. (US) Corps wurden Ausbildungsinhalte umgesetzt, z.B. die Einsatz vorbereitende Ausbildung im Joint Warfare Center in Stavanger (Norwegen) oder auf dem Truppenübungsplatz Grafenwöhr.

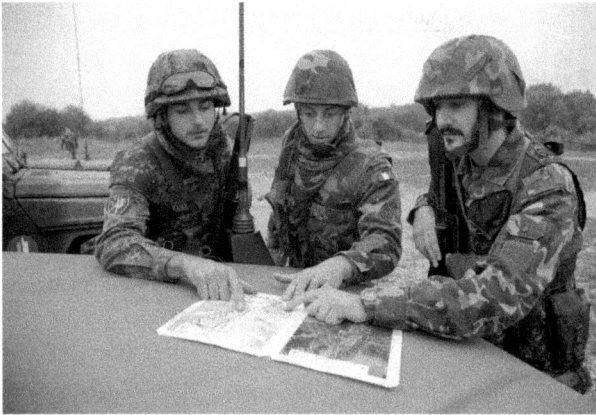

ISAF-Ausbildung in Valdahon.

Nationale, multinationale und NATO-Ausbildungsvorhaben wurden für jeden einzelnen Soldaten des Eurokorps eingeplant, durchgeführt und nationenübergreifend ergänzt. Eine spezielle Mine-Awareness-Ausbildung fand beispielsweise auf dem französischen Truppenübungsplatz Valdahon statt. Einmal vermittelte Ausbildungsinhalte wurden für jeden für den Auslandseinsatz vorgesehenen Soldaten aufgefrischt und durch Ausbildungsvorgaben der NATO und der entsprechenden Nationen ergänzt. So wurde eine umfassende und gründliche Einsatzvorbereitung gewährleistet.

Die Stäbe des Eurokorps und des V. (US) Corps übten die spezifischen Verfahrensabläufe in den Cross-functional-Teams (Current Operations, Current Plans, Future Operations and Future Plans) der ISAF-Stäbe ein, die sich bei der Führung des Einsatzes etabliert hatten.

Aufgrund der durch das Eurokorps zu besetzenden Dienstposten, einer Einsatzdauer von einem Jahr für Dienstgrade ab Oberst aufwärts und einem halben Jahr für Dienstgrade darunter erfolgte die Verlegung in zwei Phasen. Das erste Kontingent verlegte im Januar 2012 und wurde dann im Juli 2012 durch das zweite Kontingent abgelöst.

Gleichwohl bekleidete der Kommandierende General des Eurokorps, General-leutnant Olivier de Bavinchove, sogar die Funktion des Chef des Stabes Head-quarters ISAF in Kabul vom 1. November 2011 bis Januar 2013, die drittwich-tigste Funktion innerhalb des gesamten Einsatzes.

Commander Eurocorps in Afghanistan.

Neben dem Eurokorps trug auch der in Valencia stationierte Stab des spanischen NATO Rapid Deployable Corps (NRDC) zur Besetzung der Dienstposten in Kabul bei.

Insgesamt nahmen knapp 300 Soldaten des Eurokorps Aufgaben vornehmlich im ISAF Joint Command (IJC) wahr, das für die Führung taktischer Operationen in Afghanistan verantwortlich ist. Einige Soldaten wurden im Hauptquartier ISAF eingesetzt, das im Wesentlichen für die Planung und Steuerung der Ange-legenheiten der strategischen und politisch-militärischen Ebene verantwortlich ist. Weiteres Personal unterstützte auch die NATO Training Mission – Afgha-nistan (NTMA) mit dem Auftrag, die Afghanischen Streitkräfte auszubilden und zu trainieren.

9. Zusammenfassung

Das Eurokorps ist ein multinationaler Korpsstab, der umfangreiche militärische Aufgaben in einem breiten Einsatzspektrum erfüllen kann und sich in Übung und Einsatz mehrfach ausgezeichnet bewährt hat.

Als mittlerweile zwanzigjähriges Symbol einer europäischen Sicherheits- und Verteidigungspolitik verfügt das Eurokorps seit seiner Gründung über eine an-deren Staaten offenstehende Organisationsstruktur, die sich ständig an die Ent-wicklungen der geopolitischen und geostrategischen Lage anpasst. An zukünfti-gen militärischen Bedürfnissen ausgerichtet, hat sich das Eurokorps über Jahre hinweg auch an die entsprechenden militärischen Verfahren und Einsatzstruktu-ren angepasst. Die Erweiterung der Fähigkeiten und Fertigkeiten zu einem Joint

Task Force Headquarters stehen unmittelbar bevor. Die Einübung der erarbeiteten Konzepte ist für 2013 und 2014 im Rahmen eines intensiven Ausbildungszyklus geplant.

Als Stab verfügt das Eurokorps in einem hohen Maß über Einsatzerfahrung und ist für Einsätze als HRF und NRF zertifiziert.

Das einheitliche dunkelblaue Barett mit dem Abzeichen des Eurokorps ist ein deutliches Symbol echter Multinationalität. Derzeit dienen Soldaten aus neun unterschiedlichen Nationen in multinationalen Stabsabteilungen und Unterstützungseinheiten in Straßburg.

Eine grundlegende Akzeptanz für richtungweisende Entscheidungen gründet sich auf ein Konsensverfahren, das im „Gemeinsamen Komitee" in den Hauptstädten Deutschlands, Belgiens, Spaniens, Frankreichs, Luxemburgs und demnächst Polens auf militärischer und politischer Ebene getroffen wird. Die Rahmennationen des Eurokorps decken damit 50 % der etwa 500 Millionen Menschen der EU-Bevölkerung ab, was seinem Einsatz nicht nur eine überragende Legitimität verleiht sondern auch eine hohe Kosteneffizienz für diese jeweiligen Nationen aufweist.

Der einzigartige rechtliche Charakter des Eurokorps wird durch seinen Sonderstatus des Straßburger Vertrags noch hervorgehoben, der ihm seine eigene Rechts- und Geschäftsfähigkeit verleiht.

Beheimatet in Straßburg, unweit der Entscheidungszentren der Europäischen Union und der NATO, diese optimale geographische Lage ermöglicht zahlreiche Kontakte mit unterschiedlichen Partnern sowohl auf politischer, akademischer wie auch militärischer Ebene. Straßburg ist somit eine Drehscheibe des internationalen Dialogs, das Eurokorps wirkt mit an der Weiterentwicklung einer europäischen Sicherheits- und Verteidigungspolitik und ist ein praktisches Paradebeispiel eines zusammenwachsenden Europas.

Hagen Messer

Sämtliche Fotos in diesem Abschnitt stammen aus dem elektronischen Bildarchiv des Eurokorps.

DER VERFASSER

Matthias Blazek

Heimatkundler.

Veröffentlichungen:

Dörfer im Schatten der Müggenburg, 1997.
L'Histoire des Sapeurs-Pompiers de Fontainebleau, 1999.
Ahnsbeck, 2003.
75 Jahre Sportverein Nienhagen von 1928 e.V., 2003.
Dorfgeschichte Wiedenrode, 2004.
Die Geschichte der Bezirksregierung Hannover im Spiegel der Verwaltungsreformen, 2004.
Dorfchronik Nienhof, 2005.
Schillerslage, 2005.
75 Jahre Ortsfeuerwehr Wienhausen, 2005.
Hexenprozesse – Galgenberge – Hinrichtungen – Kriminaljustiz im Fürstentum Lüneburg und im Königreich Hannover, 2006.
Das niedersächsische Bandkompendium 1963-2003, 2006.
Das Löschwesen im Bereich des ehemaligen Fürstentums Lüneburg von den Anfängen bis 1900, 2006.
Das Kurfürstentum Hannover und die Jahre der Fremdherrschaft 1803-1813, 2007.
75 Jahre Niedersächsische Landesfeuerwehrschule Celle 1931-2006, 2007.
Celle – Neu entdeckt, 2007.
Geschichten und Ereignisse um die Celler Neustadt, 2008.
Die Hinrichtungsstätte des Amtes Meinersen, 2008.
Haarmann und Grans – Der Fall, die Beteiligten und die Presseberichterstattung, 2009.
Carl Großmann und Friedrich Schumann – Zwei Serienmörder in den zwanziger Jahren, 2009.
Helmerkamp – unser Dorf, 2009.
Unter dem Hakenkreuz: Die deutschen Feuerwehren 1933-1945, 2009.
Wathlingen – Geschichte eines niedersächsischen Dorfes, Band 3, 2009.
100 Jahre Musikzug der Freiwilligen Feuerwehr Eldingen 1910-2010, 2010.
Scharfrichter in Preußen und im Deutschen Reich 1866-1945, 2010.
Die Geschichte des Feuerwehrwesens im Landkreis Celle, 2010.
Im Schatten des Klosters Wienhausen – Dörfliche Entstehung und Entwicklung im Flotwedel, erläutert am Beispiel der Ortschaften Bockelskamp und Flackenhorst, 2010.
Die Geschichte der Grund- und Hauptschule Neustadt 1885-2010, 2010.
40 Jahre Kindergarten in Großmoor, 2010.
Die Anfänge des Celler Landgestüts und des Celler Zuchthauses sowie weiterer Einrichtungen im Kurfürstentum und Königreich Hannover 1692-1866, 2011.
Die Grafschaft Schaumburg 1647-1977, 2011.

Die Brüder Wilhelm und Friedrich Reindel – Scharfrichter im Dienste des Norddeutschen Bundes und Seiner Majestät 1843-1898, 2011.

Westpreußen – Das Land an der unteren Weichsel, 2012.

Die Schlacht bei Trautenau – Der einzige Sieg Österreichs im Deutschen Krieg 1866, 2012.

Die Geschichte des Hamburger Sportvereins von 1887. 2012.

Seeräuberei, Mord und Sühne – Eine 700-jährige Geschichte der Todesstrafe in Hamburg 1292-1949. 2012.

Die geheime Großbaustelle in der Heide – Faßberg und sein Fliegerhorst 1933-2013. 2013.

The Mamas and The Papas – Flower-Power-Ikonen, Psychedelika und sexuelle Revolution. 2014.

Die Jagd auf den Wolf – Isegrims schweres Schicksal in Deutschland. Beiträge zur Jagdgeschichte des 18. und 19. Jahrhunderts. 2014.

Großmoor. 2014.

Memoirs of Carl Wippo – Lebenserinnerungen von Carl Wippo. Beiträge über die Auswanderung nach Nordamerika aus dem Königreich Hannover in den Jahren 1846-1852. 2016.

Zahlreiche weitere Aufsätze und Quellenveröffentlichungen zur niedersächsischen Landesgeschichte.

Ortsregister

ibidem
Verlag

Matthias Blazek

Die Schlacht bei Trautenau

Der einzige Sieg Österreichs im Deutschen Krieg 1866

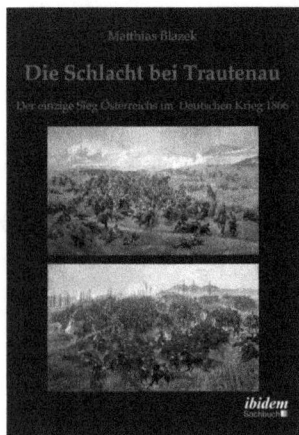

ISBN 978-3-8382-0367-6
104 Seiten, Paperback. 16,90 €

Das einzige siegreiche Gefecht der österreichischen Truppen gegen Preußen im Deutschen Krieg von 1866 fand am 27. Juni 1866 in Trautenau (Trutnov) im Riesengebirge statt: Die Schlacht von Trautenau (Bitva u Trutnova).

Nach einem überraschenden Angriff des österreichischen X. Korps unter Feldmarschallleutnant Ludwig von Gablenz zwang Adolf von Bonin, kommandierender General des preußischen I. Korps, die österreichischen Truppen zum Rückzug. In der Folge irrte von Bonin aber darin, damit sei die Schlacht gewonnen, und zog seine Truppen weiter. Als die österreichischen Truppen kurz darauf erneut von den Flanken angriffen, schlugen sie die Preußen daher trotz hoher eigener Verluste in die Flucht und entschieden so die einzige Schlacht im Deutschen Krieg für sich.

Bereits am folgenden Tag jedoch schlugen die preußischen Truppen zurück: Im Gefecht von Burkersdorf am 28. Juni 1866 wurde das österreichische X. Korps nahezu vollständig aufgerieben. Am 3. Juli 1866 schließlich erfolgte der entscheidende Sieg Preußens gegen Österreich in der Schlacht von Königgrätz.

Wie kein Zweiter vermag Matthias Blazek Geschichte für jedermann erlebbar zu machen und den Leser in seinen Bann zu schlagen. In diesem Werk zeichnet er anhand zahlreicher zeitgenössischer Dokumente die Vorgänge minutiös nach. Plastisch und spannend schildert Blazek preußische Landesgeschichte, flankiert von zahlreichen, bislang weitgehend unbekannten historischen Fotografien, Illustrationen und Faksimiles.

Bestellen Sie per Fax: 0511 26 222 01 | telefonisch: 0511 26 222 00 | online: www.ibidem-verlag.de
in Ihrer Buchhandlung

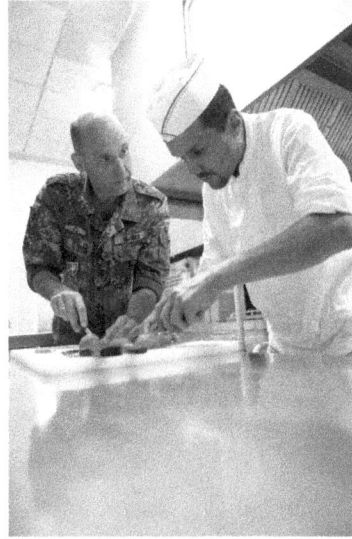

Der Autor als Reservist beim Eurokorps im Gespräch mit Friseur Maxence Kaminski.

Der Autor im Gespräch mit Küchenmeister Sylvère Delanis (†).

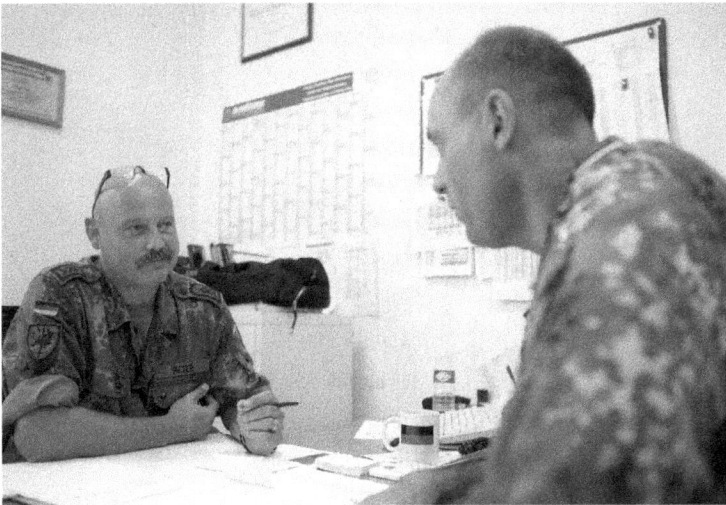

Der Autor im Gespräch mit Cercle-Mess-Chef Volker Peter.

ibidem-Verlag

Melchiorstr. 15

D-70439 Stuttgart

info@ibidem-verlag.de

www.ibidem-verlag.de
www.ibidem.eu
www.edition-noema.de
www.autorenbetreuung.de

www.ingramcontent.com/pod-product-compliance
Lightning Source LLC
Chambersburg PA
CBHW070928270326
41927CB00011B/2774